貧困を救えない国
日本

阿部 彩／鈴木大介
Abe Aya / Suzuki Daisuke

PHP新書

JN150387

まえがき

鈴木大介

貧困とは単に低所得で貧しいことではなく、その生活に強い不安や精神的な苦痛を伴いつつ、そこから自力で抜け出すのも困難な状態だ。そこに大きな苦しさが伴う以上、「苦しいと言っている人を無視するような残念な社会でいいのか？」という感情論やヒューマニズムだけでも世の中は変わってくれるはずだと、そう信じていた時期が、僕にもあった。少なくとも日本が議会制民主主義の国家である以上、「貧困を放置してはいけない」と国民の半数に伝われば、問題は解決に向かってくれるのではないかと期待してきた。

そして「子どもの貧困」の言葉がメディアにこぼれ出したのが二〇〇八年、同じくメディアに国内の若年層の貧困問題が取り上げられるきっかけとなった「派遣切り」「年越し派遣村」はその翌年。社会的困窮者を理不尽に傷つけ続ける自己責任論を封じる最後の武器になることを期待して、日本社会の底で最も不可視化している貧困層（＝売春ワークによって貧困を不適切に自己解決している女性）をターゲットにその困窮と背景を読み解いた拙著『最貧困女子』（幻冬舎新書）が二〇一四年秋の刊行。

けれども、未だに日本の貧困当事者を取り巻く差別と自己責任論は根強い。発言力を持つ著名な人間の口から「いまの日本のどこに本当の貧困なんかあるのか」といった声が出たり、それが一定の賛同を得るのを見るたびに、猛烈な徒労感を覚え続けてきた。

今や定型のコンテンツになってしまった貧困当事者の見世物報道と、繰り返される無益なぶつかり合いに、そうした無理解を論破するロジックをもたぬことに、無力感を重ねてきた。

どうすれば当事者の苦しみを理解してもらえるのか。その貧困は放置してはならないものだと、どうすれば共感してもらえるのか。

救いを求めるように、『子どもの貧困』（岩波新書）著者であり社会政策学者の阿部彩さんとの対談を希望し、紆余《うよ》曲折《きよくせつ》を経て本書の発行に至った。

本書に、「日本の貧困をなくす処方箋」はない。当事者取材に特化して政策に不勉強だった稚拙な論が上滑りしている部分もある。けれども、不勉強で稚拙な記者が政策サイドもよく知る阿部さんに問いかけることで、貧困を取り巻く議論にこれまでになかった根本的な疑問の洗い出しも、忌憚《きたん》なくできたように思う。

日本の貧困問題に主犯はいるのか。対処するための財源はあるのか。どうすれば政策は動くのか。感情論では動じない人々に、貧困対策を一緒に考えてもらう手段はあるのか。

現場で無力感に苛《さいな》まれながらも当事者支援に尽力しているあらゆる福祉職・支援職の人たちに、当事者に接する機会の多いあらゆる職種の人に、支援の現場を目指して学ぶ学生さんたちに、そして僕同様に「日本の貧困の存在否定論や自己責任論を論破する言葉とデータの矛《ほこ》」を求める読者に、本書が届いてくれればと願う。

貧困を救えない国　日本——目次

第二章

なぜ貧困を放置してはいけないのか?

第三章 誰が貧困を作っているのか?

第四章

メディアと貧困

第五章

精神疾患が生み出す貧困

第六章

地方の貧困と、政治を動かす力

第七章 財源をどこに求めるか

第八章 支援者の問題

第九章 貧困対策を徹底的に考える

第一章

間違いだらけの「日本の貧困」

日本に貧困はないと思っている人たち

鈴木　先日、ジョギングしながらラジオを聴いていたら、自民党幹事長の「(日本には)食べるのに困るような家はないんですよ。実際は」という発言について取り上げていて、僕はもう、その場でラジオを壊したい衝動に駆られてしまって……。

ここ数年、かつて期待していた以上に国内の貧困問題について盛んな議論が交わされるようになってくれていますよね。それなのに国政の頂点付近にいる人間が今さらそんな発言ができてしまうのがもう、情けなくてならない。でも、残念ながら多くの日本人の認識ってその程度だと思うんです。正直、貧困にまつわるルポを書いてきて、無力感を感じています。

阿部　私も、最近のことですけど、ある市議会の議長さんから言われました。その市では一応「子どもの貧困対策を推進します」って言い始めているんです。ところがその議長さんが、「でも、本当にうちの市で貧困の子どもなんているんですかね」と本音をおっしゃって。

ああ、その程度の認識なんですか、と呆れました。国会議員ならまだ雲上人ってことでそうかもしれないんですけど、市議会レベルの方々は地元を回って、地域の草の根レベルで住民の方々と話しているわけですよね。なのに、まったく貧困の実態がわかっていない。その意義を感じたこともないまま、貧困対策を推し進めているって、もしかしたら何もしないより怖いことかもと思ってしまいました。

鈴木　本当にそうですよね。実態を見ずに対策を立てれば、間違いなくその対策は的外れになるし、限られた財源を誤った対策に持っていかれてしまいかねないし。

阿部　他にも私、ある外資系の金融会社の若手の方々から、ランチを食べながら社会問題を勉強しましょう、といった趣旨の会に呼ばれたとき、すごく頭に来たんですよ。なぜって、母子世帯がどれほど大変なのかとか、児童養護施設出身者の現状がどうなっているのかなどを説明した後に、参加者の一人が「そうなんですよねえ。子育てするってほんとにお金がかかって、うちもすごい大変なんです」だって。それ、丸の内の超高層ビルの、外壁が全部ガラス張りのような部屋でのランチ会なんですよ。あの方々の年収は軽く一千万円を超えています。つい今しがた、私は、年収が一八〇万円とかいう、そういう貧困層の話をしていた。それをはたしてわかっていらっしゃるのですか、って。

ただ、考えてみると、失言をしたあの方が年収一四〇〇万円だとしても、当人の感覚としてはそんなに生活が楽じゃないんですよね。子どもの教育費って、私立に行かせたら学費が相当ですし、塾代やら何やら実際にかかりますから。

鈴木　実際に貧困の当事者に接したことがないと、そうなってしまうのかもしれないです。生活や経済の不安や苦しさ、やりづらさを、実際にその方たちも感じているからややこしい。けれどもリアルな貧困の当事者は、同じ苦しさを途轍《とてつ》もない濃度で感じる中で生きていて、頑張ってもそこから抜け出せない。比較にならないほどの不自由だけど、リアルに接したことがないと「うちだって苦しい」「みんな苦しいけど頑張っている」の文脈に簡単に置き換えられてしまうんだと思います。問題は、そのアッパークラスの人たちが、自分たちが社会のどの位置に属しているのか、いまいちわかってないことだと思います。

阿部　ランチ会の人たちも、自分は高所得者だという感覚が薄いんですよ。「日本の所得分布の中で、あなたはどのあたりに位置しますか?」と質問したら、ほとんどの人は、「中流です」って答えるはずです。もしくは「中流以下だ」と思っている。たとえ年収が一〇〇〇万以上の人でも、自分は庶民だという意識でいる。

ただ、そういう人たちに、「年収一〇〇〇万円ならば、あなたは所得分布のトップ一二%に入っていますよ」とか、「一五〇〇万はトップの三%。ご存知ですか」という指摘をすると、少しわかってくれる感じはあります。相対的な自分の位置を知らないんですよね。

鈴木　それが「階層の分断」だと僕は思っています。実際、ハイタワーマンションに住む彼

世帯所得の分布

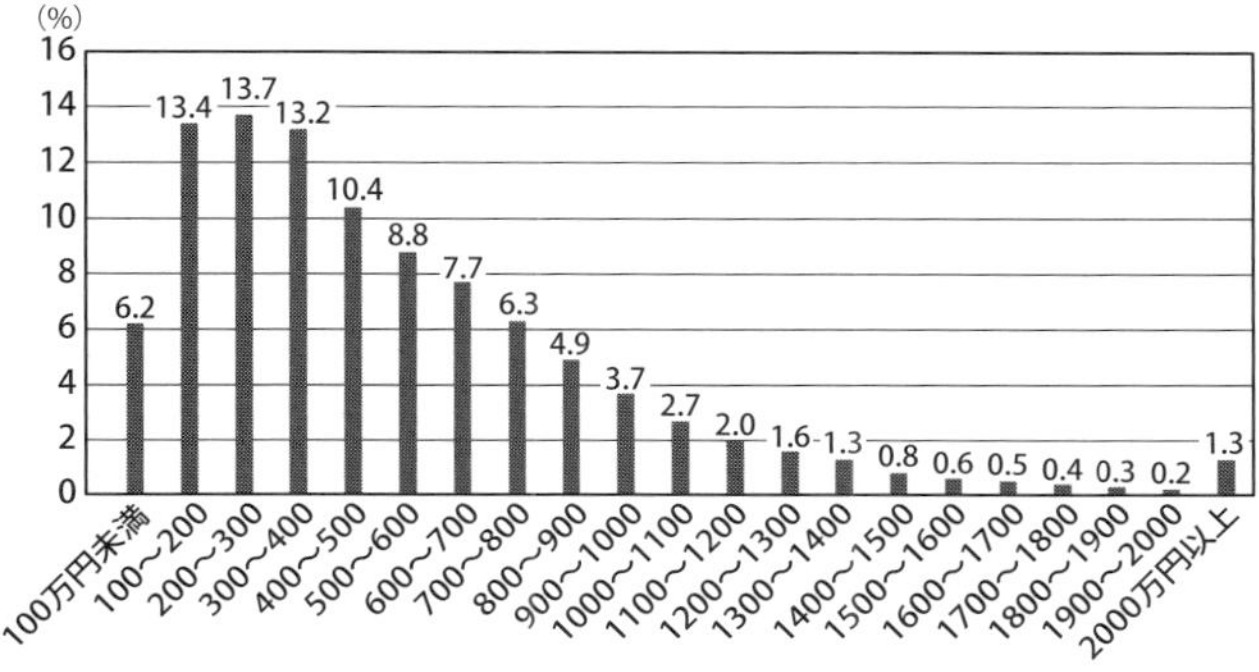

出所：厚生労働省（2017）「平成28年国民生活基礎調査　結果の概要」

らが、貧困の当事者と日常・社会生活の中で接して会話してお互いの事情を知る機会なんてほとんどない。その意味で日本はまさしく階層社会、階級社会なのだと感じてきています。では一方で、そもそも階級社会であった海外などはどうなんでしょう？

阿部　イギリスの人と話しているとよくわかるのは、あの国の所得格差は日本と同じくらい。けれども、イギリスの上層の人には、自分は上流階級だという意識がしっかりある。対して、日本の人はすごい高所得者でも、自分は中流だと思っている。変な平等意識が実態を覆っちゃうんですよね。

だから、「この国にも深刻な貧困問題がある。低所得者の人に富を再分配しましょう」と言うと、「本当にそうだ。だから子育て世帯に分配を」「その財源は富裕層が」みたいになるのですが、自分たちは「富裕層」でなくて、受け取るほうの「子育て層」だと思っている。そうじゃなく、「あなたがどんなに恵まれているか」という話を直球で投げると、「えっ」というリアクションになります。そこを指摘していかないとダメです。

鈴木　なるほど。そこはなかなか理解されない貧困問題を突破する一つの方法ですね。高所得者が自分の社会的ポジションを誤認する理由には、どういうことがあるのでしょう?

阿部　理由の一つに、所得が良かった過去の記憶というのがあるかもしれない。八〇年代とかね。それこそ「夕食はいつでも伊勢丹で買います」みたいな時期が一部の層にはあって、その頃と今を比べている。景気が良かった頃と生活様式が変わってない、というのもありそうですね。それで高給をもらっていても、そんなに余裕があるとはならないのかも。

もう一つは、やっぱり変な平等意識ですよ。日本は平等だ、みんな同じような生活をしているんだみたいに思っているから、自分が高所得者層であることを意識できないし、貧困の人について想像できない。実際、年収一千万円以上の人でもユニクロを着たりしているわけじゃないですか。日本では、階層が違っても、生活様式がそんなに違いません。

なぜ貧困層に厳しい意見が多いのか

阿部　私が大学で教えるようになって、まだ日は浅いですけれども、他の先生から聞いた話も併せて考えると、子どもや若者の貧困問題に対する学生のリアクションは二パターンあります。一つは想像通り、「えっ、そんなにかわいそうな人たちが私たちの同じ年代にいるんだ」というようなリアクションで、同情する側に立つ。「私は幸せだな、なんて恵まれているんだと思いました」という感想で終わるタイプですね。

もう一つは、「いや、私だって大変だったし、好きなだけ塾に行かせてもらえなかったけど、ここまで来たんだ。なんで他の子の支援が必要なんだ」というリアクションです。自分が「有名」大学に通っているのは、自分が努力して一所懸命勉強したからって。

鈴木　団塊の世代とまったく同じリアクションですね。根強いです。

阿部　後者のほうのリアクションに、私はびっくりしました。まさか、そういった言葉が出てくるとは想像していなかった。「私たちだって奨学金を受けてる。これから借金で大変なんだ」というようなことも言いますね。

鈴木　僕ね、後者のリアクションがほとんどだと思います。そのぐらい今の子たちの閉塞感は強い。二〇〇九年頃からとみにそう感じる。リーマンショック時に高校生だったぐらいの世代の子たちには、高校時代に親が失職して高校を中退したり進学をあきらめた同級生がいて、さらに上の世代の就職戦争も見てきて、あまりの閉塞感に近い世代間で変な分断すら起きているように感じています。

その世代の子たちはいわゆる「ゆとり」世代に対して、努力しなくても何とかなった人たちだと言い切ってしまう雰囲気もあるし、一方で少し上の世代の「お祈りメール」（企業からの不採用通知のこと。末尾が「今後のご活躍をお祈り申し上げます」といった一文で締められていることが多い）などを見て、だったらやりたいことはさておき、本当にトップ一握りの大学に入って大学名のブランド力で武装しないと勝てないと思い込んでいる子たちもすごく多いし、逆にそうした子をニヒルに批判して、進学と就職以外の第三の道で成功することを強く願っている子もいる。後者は僕がよく取材していたグレーゾーンな産業の中に入ることもあって、例えばグレーな消費者金融とか投資用不動産の買い付けや、高齢者向けの健康食品関連とか、そういったところにこの世代のやたらモチベーションの高い子が増えてきたのも感じています。一方で、おそらくマジョリティは、「こんな時代がずっと続くから」という前提で、仕事は安定重視である程度稼げればいいから、日常生活のほうを充実させたいという、やたらこぢんまりとした前向き派なんですよね。ブランド大学至上主義も第三の道の子も、いずれも強い焦りの中で努力している子たちですから、この安定派の前向き派を「残念なパリピ系（パーティピープル。仲間とともにイベントなどで盛り上がることを好む享楽主義者）」みたいにすごく馬鹿にするし、同時に同じ日本に貧困があるって言っても「頑張ってないから」と切り捨てがちで。むしろ私たちの住む日本、同じ世代にこんな大変な人たちがいるんだっていう学生の声は、それこそ福祉系の大学あたりでしか聞かないんじゃないでしょうか。

阿部　そうかもしれない。私、福祉系の子しか教えてないので。社会福祉士とかになりたいと思って大学に来ている子には、一つ目のリアクションも多いです。

鈴木　阿部さんがおっしゃった二つのリアクションは、恐らく僕らが若かった頃から同じようにあったと思います。けれども、今の若い子たち、若い閉塞感を持っている当事者の貧困者に対する無理解、スティグマ貼り（ネガティブなレッテル貼り）は途轍もなく強い。そういう彼らとインターネットの親和性が非常に問題で、多くの若者たちがノイジーマイノリティ（声が大きいだけの少数派）の人たちの意見に感化されちゃうんですよ。

　高校生と話していると、社会的なことを言う子たちがはっきり二派に分かれていて、ネット右翼かSEALDs[注1-1]かみたいになっています。その中間で考える子たちっていうのは、昔で言うとノンポリ（政治に関心がない人）なわけなんですけども、今はどうなんですかね。どちらかに偏るのは、文字を読むこと自体が面倒くさい子たちが該当するのかもしれないけど、右傾した言説は結構ＹｏｕＴｕｂｅなんかに積極的に投稿されているので、そっちに取り込まれるケースのほうが多いのかな？

みんな同じような孤独とか問題意識とかを持っているのだけれども、何か意見すること自体を嘲笑《あざわら》う人たちがまたいるわけで、意見交換が成り立たない。そういう土壌が、世代間の対立も、同世代間での対立も生んじゃってる感じがします。

阿部　今、若い層でも、貧困層に対して、すごく厳しいこと言う人多いじゃないですか。私、あの心理がよくわからないんですよ。なんでみんな厳しい状況だと知っているのに、すごくつらい思いをしてきているのに、同じ競争社会の中でどうして他者に対してあそこまで厳しく言えるんだろう？

鈴木　みんな不安で、みんな頑張ってるからです。

阿部　自分が頑張っているから、他の人ももっと頑張れるはずということですか。

鈴木　頑張ってギリギリ生きてるということは、ギリギリ生きてるという結果を出してることなんです。頑張ってもうまく生きられない人たちは結果を出してない人たちで、結果を出した人がそれを叩く。ギリギリっていうと常に雇い止めリスクにさらされている非正規雇用の単純労働みたいな報道ばかりだけど、現代の二十代三十代前半までのほとんどが業種や立場を問わずに、頑張ってギリギリ今の状況を勝ち取っているという感覚がある。自分たちは崖っぷちギリギリに生きてきて、一歩間違えば落ちていたという感覚を持っていると思うんです。

かといって、そのギリギリ生きてる人たちは、自分の結果に満足しているわけでもないんですね。例えば、奨学金で大学を卒業して一六万円の月収で介護職に就いてるような子たちは、自分が勝ち組だとは思ってないわけですよ。思え、っていうほうが問題なぐらい介護職の待遇は悪いのですが。一方で貧困の当事者っていうのは、「頑張ることそのものができない状況」の人が大半なんですが、頑張った結果に月収一六万円をもぎ取った子たちに、「頑張れない人」を理解するのは相当に難しいことですよね。だから叩く、という構造だと思います。

阿部　同じように頑張ってる自分だって、その介護職が得られなかった可能性もある。そう考えるのではなくて、叩きますよね。そこがどうしてなのかなと。

鈴木　先ほど申し上げたとおり、貧困状態とは「頑張らないから」じゃなくて「頑張ることそのものができない状態だから」陥るケースが多いわけですが、なぜ頑張ることができないのかを理解するのが、とても困難だからでしょう。「頑張れない」を理解するにはその複雑なバックグラウンドや病理まで理解する必要があるけど、それは困窮者支援の現場にいる人ですら難しいことなわけで。結果、そこまで理解できなければ、批判サイドに回ってしまう。そういうことだと僕は思います。「自分もそうなったかもしれない仲間」という感覚は、そこにはない。むしろ「僕らは頑張ってブラックな仕事にでもしがみついているのに、頑張らないで社会に頼ろうという人はズルい」という感情のほうに走ってしまうんだと思います。

「貧」と「困」を分けて考えよう

鈴木　それと、僕がずっと主張してきたのは、「貧しさと貧困、貧乏と貧困は明らかに違う」ということ。ただ貧しいだけで、心身健全で環境が整っていれば、貧しさは自己解決でなんとかなるわけですよね。でも、貧困の「困」の部分、社会的困窮や生活問題を抱えていて、不安で苦しくて孤立しているという状態がずっと継続している人がいます。それが貧困だというのが、僕の中の定義です。

阿部　ただ、「貧しいけど、心身ともに健全な人たち」がいるとして、貧しい状態が続くと、「心身とも健全」でいられなくなってしまう。その問題についても焦点を当てるべきだと思います。

鈴木　「貧」を放っておくと「困」になりますよね。

阿部　そう。なので、その「貧」のほうも対策を立てなければならないというのが、私がずっと主張し、研究していることなんです。本当に困窮状態に陥っていて、生活保護を受給しなければどうにもならなくなったような人に対しての福祉は一応備わっている。それも全然十分ではないんですけどね。でも、その前の「貧」の対策ですよね。経済的に豊かではなくて、でも何とか頑張って踏ん張っている人たち、子どもも奨学金借りて大学行こうと思っているような人たちも、放っておくと「困」になってしまうんです。

高度成長期であれば、どこかでくじけてもリカバリーが可能だったかもしれない。でも、そのようないわば社会の余裕は、時代が下るにつれてどんどん乏しくなっていきます。我々の次の世代は、もっと余裕のない時代になるでしょう。

鈴木　同感です。おそらく、「貧」の状態からなんとか上がっていく人と、「困」が加わっていく人は、独立した属性だと思うんです。多分その分岐点は、孤立しがちな人か、そうではないか。孤立しがちな人たちは、明らかに「困」に陥るリスクが高い。

貧困から抜け出しづらい状態になる前に予防するという考え方、僕、以前はその観点が抜けていましたね。まずは「困」になっちゃっている人たちを優先的にケアして、「貧」の人たちについてはちょっと置いて考えたほうがいいんじゃないかと思っていました。

阿部 そこはお考えが変わったってことですか?

鈴木 変わりました。「困」に陥る方は、精神疾患であるとか、脳が受傷している状態にあるケースが非常に多い。僕、数年前に脳梗塞《のうこうそく》で倒れたのですが、一度脳が受傷した状態から復活するというのは、すごく時間とコストがかかるということを実感しました。なので「困」に陥らないような防止策を打たなきゃいけないということを、強く思うようになりました。

阿部 貧困を「貧」と「困」に分けるというのは、すごくわかりやすいかもしれませんね。

鈴木 「困」だから「貧」になる人もいるんですよね。

阿部 それもあります、もちろん。

鈴木 なんですけど、現代の日本の貧困に関して思うのは、やっぱり「貧」だった人を「困」にしてしまっている状況がものすごく加速している感じがして、例えばブラック企業問題もその一端だと思います。過剰な労働で「貧」だった人をメンタルが病むまで追い込み、結果として「困」を大量生産している。格差問題と貧困は別だというのはそこで、格差社会と「貧」の人を「困」にしてしまうまで放置している社会の問題は、分けて考えたほうがいいですよね。

阿部　私も鈴木さんのお話を聞いて、だんだん頭がクリアになってきました。昔は親の経済状況と、子どもの友だちの数って、そんなに相関関係はなかったと思うんですよ。「家が貧しくてもガキ大将」なんて子どもはいっぱいいて、体力があれば一目置かれていました。でもこの頃は、親の経済状況によって学力も違うし、体力も違うし、そして、友だちの数まで影響されてしまう。つまり子どもの世界でも、「貧」だということと、友だちがいないということが、つながってしまうんですよね。ですからやはり、「貧」が「困」につながらないような施策をつくっていかなければなりません。

日本には本当に「絶対的貧困」の家庭は存在しないのか

鈴木　「貧」と「困」の問題もそうですが、多くの人に貧困問題を理解してもらうことは、実に難しい。でも、貧困の実態がまだまだ人々に伝わっていないという次元の問題も大きいですよね。でたらめな理解、事実と違う見方、常識の嘘がはびこっています。僕はあくまで記者として当事者の取材しかしてきませんでしたから、「その貧困状態はその取材対象者に限定された話ではないのか」といった声に、失望を重ねてきました。そうした声のバックボーンになっているのが、貧困イメージの誤解。まず、それらを明らかにし、論破したいんです。

阿部 日本人の貧困イメージは間違いだらけですね。いくつかデータを持ってきたので、ちょっと説明させてもらっていいですか。

鈴木 はい。ファクトに基づいて、貧困の実態をどんどん可視化していきましょう。

阿部 まず、日本の相対的貧困率(注1-2)ですね。最新の厚労省データですと、二〇一五年のものしかないのですが、社会全体の相対的貧困率が一五・七%(図)で、十七歳以下の子どもが一三・九%です。この値は、OECD(経済協力開発機構)諸国の中では中から高。三五カ国中子どもでは二三位ですが、社会全体では二八位です。なお二〇一五年の場合、「相対的貧困率」は、手取りの年間所得がひとり暮らし世帯で一二二万円以下、四人世帯で二四四万円以下の世帯を指します。

鈴木 衣食住や衛生において最低限の水準を満たしていない生活状態にある貧困レベルを絶対的貧困と言いますよね。わかりやすく言い換えると、そのまま放っておいたら餓死してしまいますというレベルの貧困。この対談の冒頭で、自民党幹事長が「(日本には)食べるのに困るような家はないいんですよ。実際は」としゃべっていたと話しましたが、その「食べる

相対的貧困率の推移：1985-2015

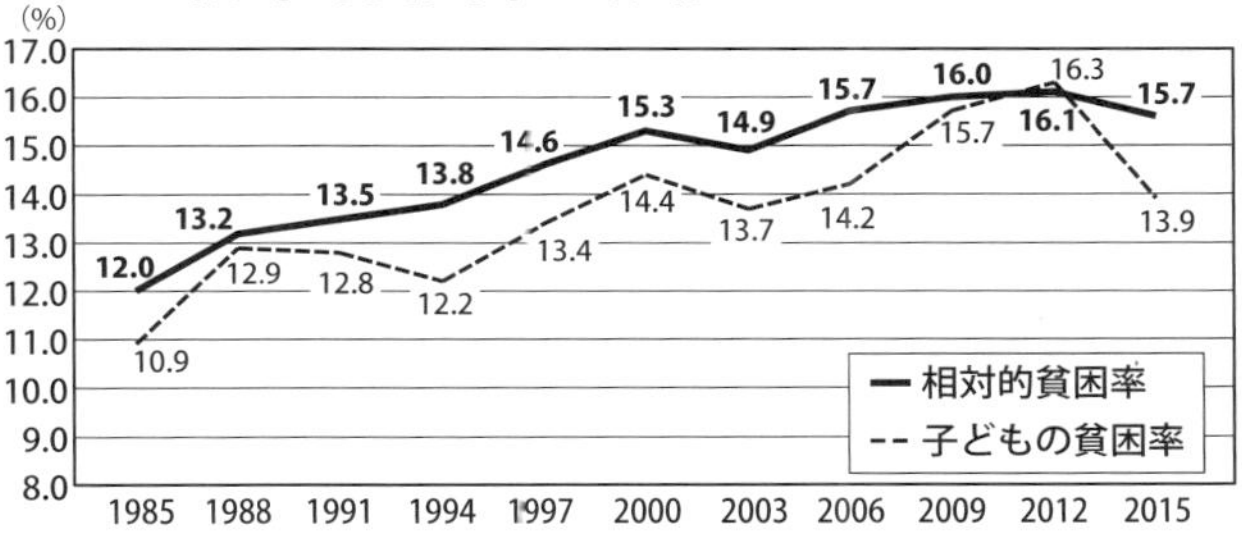

出所：厚生労働省（2017）「平成28年国民生活基礎調査　結果の概要」

- 子どもの定義は18歳未満。
- 2006年から2009年にかけては、子どもの貧困率の伸びが大きかった。
- 2012年は、初めて、子どもの貧困率が相対的貧困率を上回った。
- 2015年は、子どもの貧困率が大きく低下。

のに困るような家」というのは、絶対的貧困をイメージしているんだと思います。実際、日本の絶対的貧困についてはどんな調査がされているんですか？

阿部　調査はないんですよ。それは、絶対的貧困は定義ができないから。ただ、絶対的貧困は問題で、相対的貧困が問題じゃない、と二つを別々に考えること自体が現代日本においては当てはまらないと私は考えています。実は、二つは同じなんですよ。レベルの違いだけです。

鈴木　大変同感ですね。自民党の幹事長だけでなく、多くの人は「貧困貧困と騒いでいるけど、この国で餓死者がいるわけでもないのに大げさな」と感じている気がするんです。でもね、相対的貧困率が一三・九％もあれば、絶対的貧困も相当な規模であるというのが僕の持論なんですよ。何でかというと、親が相対的貧困レベルの所得の世帯には、多くの場合「時間的貧困」も併発しています。つまりたくさん働いて、家にいる時間が確保できない。心理的余裕もない状態で、子どもの面倒をまともにみている時間も余裕もなく、ネグレクトが発生することが大いに考えられますよね。

結果、例えば、子どもに現金だけ渡して数日不在だとか、買い置きの食材を食べておきなさいと言って帰宅しないとか、そういうケースもあります。けれども親不在の間にお金や食材の管理ができる子ばかりじゃないから、親が帰らない間に何も手元になくなってしまった子どもは、当然お腹が減ります。たとえ一日でも一晩でも、飢えは辛い経験です。この瞬間に、確実に日本に飢餓が存在しているわけです。

僕の取材はそうした生い立ちがあってその後に社会的に逸脱した子をターゲットにしていましたが、取材対象者の共通点は子ども時代に一晩でも「飢えた」経験をもっていることでした。典型的なケースはお腹が減ってどうしようもなくて、コンビニのおにぎりやパンを万引きした経験。もちろん実際食品を盗むことを覚えると他のものも盗むし、同じような環境にある子たちで互助的な非行グループを形成するし、グループになれば恐喝したりで、どんどん「良い子」じゃいられなくなってしまう。でも問題なのはその子たちの逸脱した行動じゃなくて、その子らがそうなるまでの背景なんですよ。そこには確実に、絶対的貧困状態がある。

相対的貧困家庭の子の多くは一晩でも絶対的貧困状態を経験している可能性がある。これは声を大にして言いたい。

阿部　本当にそうですね。

鈴木　実は万引きできる子はまだいいんです。でも、盗めない子もいて、そういう子が一番かわいそうなんですよね。お腹が減っても万引きできない子。思えば発達障害傾向でコミュニケーション力の低い子が多いかもしれない。死ぬほど空腹でも怖くなって盗めなかったり、あるいはやたらに規範意識が高くて限界を超えて我慢しちゃったり。

こうした絶対的貧困レベルにある子たちは、自ずと同じような境遇にある同世代とつるんだりして、地域の不良扱いされながらも、何とか自分たちだけでやっていこうとします。だけど、盗めない子は、みんなが「お腹すいちゃってどうしよう。なんか盗まねえ？」という話をしたとき、そのことを大人や警察にチクっちゃうこともある。で、みんなから袋叩きにされることもあるし、奴隷的な使いっパシリの立場に固定されることも。

少年補導の現場では本当に典型的な虞犯《ぐはん》で累犯な子たちですが、盗める子たちも本来は矯正教育以前に児童福祉の対象でしょう。盗めない子は、本来障害に対して福祉や療育の対象であるはずの子。けれどこうした子たちを社会で差別し排除してきた歴史は、戦後の戦災孤児の時代から変わっていない。身も蓋もない話ですが、それが現実です。

阿部　実は絶対的貧困と相対的貧困って、そんなに違う概念じゃないんです。例えば、餓死は確かに絶対的貧困かもしれませんが、多くの、いわゆる「絶対的貧困」論者だって、「餓死しなければOK」と思っているわけじゃないでしょう。「最低限の食事」くらいに思っていると思います。

でも、その「最低限の食事」って何ですか？　ゴミを漁《あさ》って、腐りかけた残り物を食べることですか？　賞味期限が切れたコンビニの廃棄弁当をもらってくることですか？　相対的貧困に対して厳しい意見を言う人だって、さすがに、日本の子どもが腐ったお弁当食べなくてはいけない状況だったら、「何とかしろ」と言うのではないですか？「最低限の食事」って、せめて、お米のごはんとか、毎日じゃないにせよ、二日に一回は肉か魚が主菜で、お味噌汁がついて……って思い浮かばないですか？　実際に、日本全国の小学校でそのような食事が「正しい食」だと食育で教えています。私たちは、明日死刑を迎える人にもそのような食事を出しますよね。でも、なんで、そのような食事が「最低限」と考えるかというと、それは、私たちが「通常の日本の食卓」をベースにものを考えているからです。

これっていうのは、相対的貧困概念なんです。「普通に比べて……」というのは、絶対的な概念ではないんです。私は、「絶対的貧困だけが問題で、相対的貧困は問題じゃない」という人たちは、何が絶対的で、何が相対的なのかはっきりと意識しないままものを言っていると思います。

実際に、「相対的貧困」に含まれる子どもたちには、野菜を摂れていない子どもや、毎日、ごはんと納豆しか食べられない子がいます。お母さんが食べ盛りの中学生に「おかわりしていいよ」って言えないお宅があります。栄養学の先生と一緒に、子どもが何を食べているのか綿密に調べたら、タンパク質やビタミン、鉄、亜鉛などのミネラル、それから総エネルギー量さえも、貧困の子とそうでない子には差がありました。それでも、「絶対的貧困論者」の方々は、相対的貧困を問題じゃないと言うのでしょうか？

貧困家庭は、ひとり親よりふたり親世帯の割合のほうが高い

阿部　マスコミによる「貧困者」のステレオタイプ化もひどい。「わかりやすい」貧困者でないと、取り上げないんですよ。例えば、マスコミの取材で出される貧困の子どものほとん

どは母子世帯の子どもですよね。確かに、貧困率、つまり、その世帯タイプの子どもの中で貧困の子どもの割合というのは、ひとり親世帯が突出していて四三・六％、ふたり親世帯は九・七％です。

しかし、母数となる子どもの数はふたり親世帯のほうが圧倒的に多くて、二人のうち一人は「夫婦と未婚子のみ世帯」、つまり、ふたり親世帯なんです。三世代世帯も含めると、もっと多い。だから、相対的貧困の中に含まれる子どもの世帯タイプはというと、実際には、貧困の子どもの半数近くは普通のふたり親世帯の子どもです。ひとり親世帯の子は二一％で、五人に一人しかいません。おじいちゃんおばあちゃんと母子が一緒に暮らしているというパターンも三世代世帯には混じっていますが、それはせいぜい半数ぐらいでしょう。ですから、だいたいひとり親の貧困の子は三割ぐらいしかいない。

ところが、ふたり親の貧困の子どもの姿が、マスコミでは出てこないんですよね。そればかりか、その歪んだイメージを問わないまま、「最近、貧困率が上昇しているのはひとり親が増えているせいだ」という思い込みが広がっています。同様のことを厚労省の人も言っていました。

確かに、子育て世帯において「ひとり親と未婚子のみ」世帯の割合は増えています。一九

子ども(20歳未満)の相対的貧困率の推移:世帯タイプ別

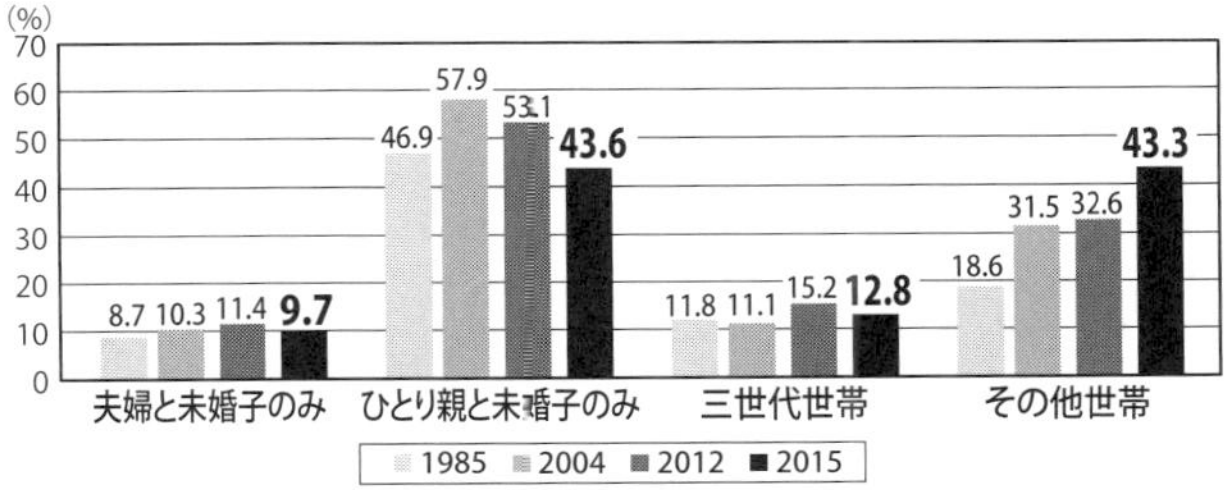

出所：厚生労働省「国民生活基礎調査」の個票から阿部彩推計

- 2012年から2015年にかけて、「その他世帯」を除きすべての世帯タイプで貧困率は減少。特に、「ひとり親と未婚子のみ」世帯の減少が大きい。
- しかし、「ひとり親と未婚子のみ」世帯の貧困率が突出して高い構造は変わらない。
- 1985年と比べると、「ひとり親と未婚子のみ」世帯以外は上昇傾向が続く。

相対的貧困の子どもの世帯構成（平成28年）

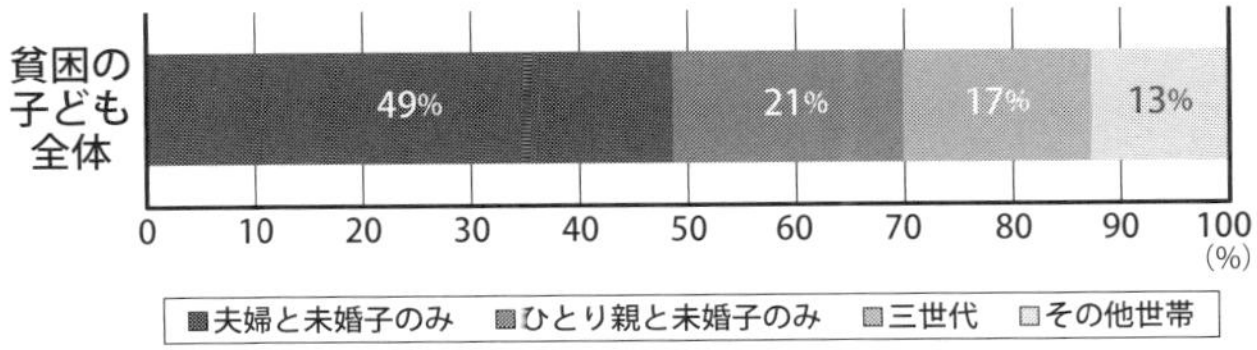

出所：厚生労働省「国民生活基礎調査」の個票から阿部彩推計

八六年の四・二%から二〇一六年には六・九%となっています。ただし、「夫婦と未婚子のみ」世帯はもっと増えていて、六五・四%から七三・五%へ増加しています。「夫婦と未婚子のみ」という親が両親とも揃っている世帯は、貧困率としては低めですが、数としては圧倒的に多いので、たとえ貧困率が一〇%でも貧困の子どもに占める割合は大きいんです。

鈴木　貧困はひとり親世帯の問題である、という思い込み。これ、正直に言いますと、僕は腑《ふ》に落ちています。阿部さんの意見といきなり逆になってしまいますが、このイメージのままでもいいのではないでしょうか。

というのは、もともと貧困の子で、触法少年や犯罪者になった男の子たち、売春の世界で生きている女の子たちの話を聞くと、そのほぼ全員がシングル家庭の出身なんです。母親に彼氏がいて、その男と同居していたというケースもありますが、基本的にはシングルマザー育ちが圧倒的に多かったです。

これは親の貧困の状態が子どもに影響を及ぼす度合いの違いだろう、と思います。悪影響の度合いでは、両親が揃っているほうがまだしも小さい。それと、世帯のタイプ別では、母子世帯の貧困率がものすごく高いからです。世界的にみても最悪レベルのジェンダーギャップの中、母親ひとりで稼ぎ子育てもするというのは、明らかに無理がありますし。だから、ピンポイントで支援するべき子どもは、やっぱりひとり親の子どもであっていい。僕はそういう気がするんです。

阿部　一番厳しい状況にあるのはシングルマザーの家庭だというのはまったく同感です。それはまったく間違いないと思います。児童養護施設に行く子どもたちも、圧倒的に多いのはひとり親世帯ですし、ひとり親世帯は金銭的な問題以外にも親の離別を経験しているわけですし、子どもが面する問題はとても大きい。

でも、そういった現実を受け、これまでの日本も少しは動いてきました。例えば、ひとり親世帯に対しては児童扶養手当があります。ひとり親世帯に限った低金利の福祉貸付制度もあります。ひとり親世帯の親に対する就労支援、家庭生活支援もあります。支援のレベルは十分じゃないですよ。けれども支援策のメニューはかなりたくさんあるんです。

対して、貧困のふたり親世帯への支援はあまりに乏しい。所得保障では、よっぽど困窮して生活保護にでもならない限り、ひと月一万円（三歳未満の児童と三人目以降は一万五千円）の児童手当しかないです。ふたり親世帯には貧困が存在しないという前提なのです。

鈴木　なるほど、確かに利用できる制度が少ないのは納得です。

阿部　おそらく鈴木さんがお会いになっている子どもたちは、本当に最貧の、それこそ一番下の一％より下という状況のお子さんではないでしょうか。ふたり親の貧困世帯は何とか持ちこたえているんですよ。おっしゃる通り、子どもに悪影響がないよう、どうにか踏ん張っている家庭が多い。けれども、日々の生活が厳しい状況にあるのは同じです。私は、こういった踏ん張っている世帯も政策の対象として見ていくべきだと思うんです。「貧困の世帯とはこういう世帯だろう」とか「こういう子どもだろう」という前提はとっぱらって。

鈴木　期せずして「見ないものは見えない」を自ら体現しちゃいましたね。実際子どもの貧困の当事者を取材する記者の立場では、「両親揃っていればここまでにはならなかった」ってケースばかり見えてきて、そこを中心に報道してきてしまいました。これはこの場で反省です。

三世代世帯も安泰ではない

阿部　また、データを出します。子どもの年齢層別の貧困率の違いをグラフにしたものです。これを見て、違和感はありませんか。一般的に貧困の子どもというと、母子世帯が育てている小さな乳幼児が多いといったイメージがありますよね。でも、「貧困の子どもは小さな子」というのは間違ったイメージで、年齢の高い子どもの貧困率のほうが高いんです。年

子どもの年齢層別の相対的貧困率（2015）

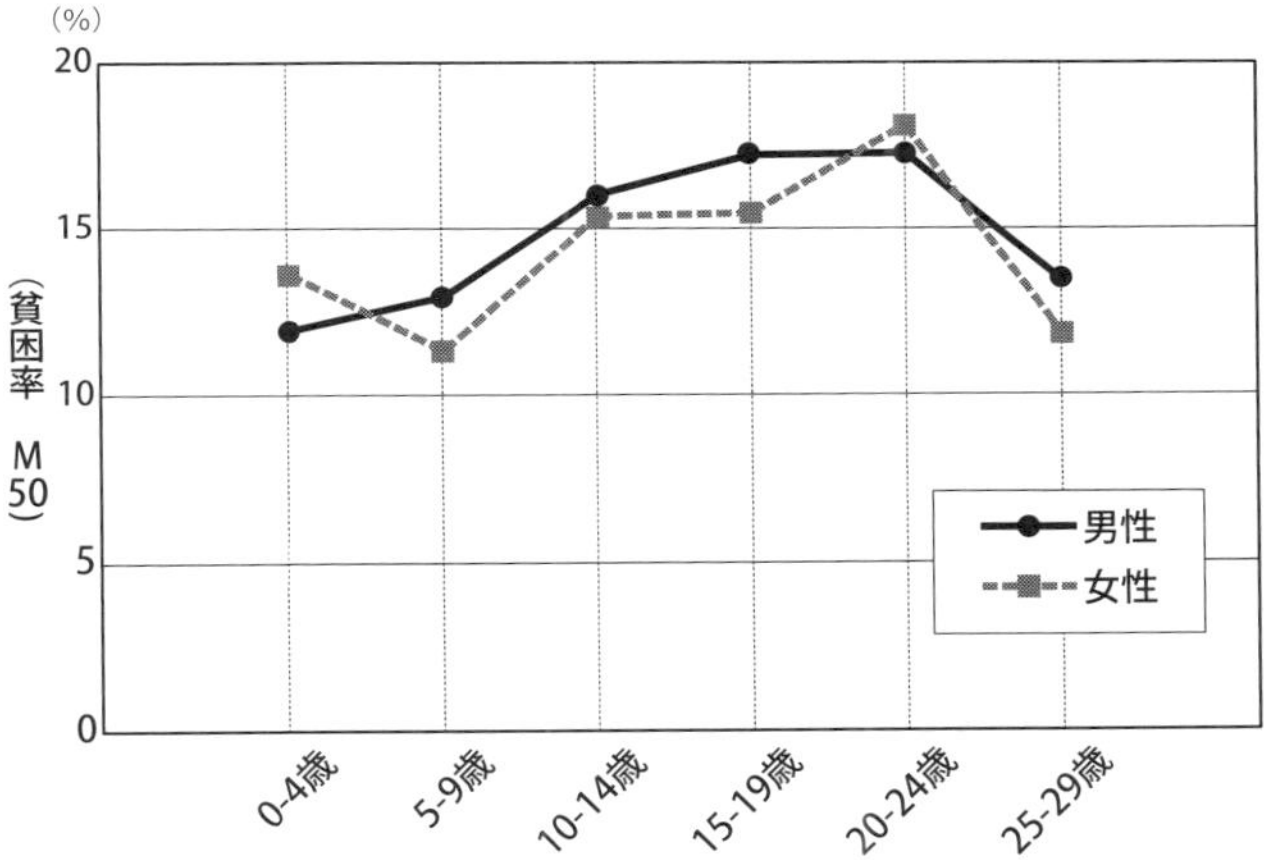

出所：厚生労働省「国民生活基礎調査」の個票から阿部彩推計

齢が上がるほど、明らかに貧困率も上がっています。

もう一点、お伝えしたいのは、三世代世帯も決して安泰ではないということ。現政権は、三世代世帯の暮らしを奨励し、三世代世帯で住むことにインセンティブを与えようとしています。三世代世帯には働き手が多いので貧困率も低いとか、助け合いが働いているので貧困になりにくいとかの発想でそんな政策をつくろうとしているんですけれども、実際は三世代世帯の子どもの貧困率は核家族世帯（夫婦と未婚子のみ）より高いんですよね。

皆さんイメージしているのは、いま

だにサザエさんの家の三世代世帯なんですよね。『サザエさん』では、家長の波平さんの設定が五十代前半なんですよ。現役バリバリの会社員です。でもって、義理の息子のマスオさんも会社員で、二人とも明らかにいい企業に勤めている。

鈴木　時代が四十年以上もズレた東京のアッパーミドルのお話。当時はまだ、子どもを産む時期が二十歳代前半だったから成立した家族設定ですね。

阿部　今、二十歳代前半で子どもを持つ人は六％程度となっていて、生まれる子どもの四割はお父さんが三十五歳以上のときに生まれています。三十五歳、三十五歳で二世代回ったら、孫が生まれるときはもう七十歳ですよ。なので、全然磯野家イメージは現実にならない。

鈴木　あくまで鈴木の取材ケースですが、実は子どもの貧困当事者の世帯には三世代世帯も多かった。シングルの母親が働いている間、その母親が子どもを預かったり、ひとり暮らしをするおばあちゃんの部屋にシングルマザーと子どもが出戻り的に戻ってきていたり、結局子どもの面倒と住居費を圧縮するのに、祖母・母・子の形は理に適っているというか、そうでもしないと生きていけないんだと思いました。けどそれは全然美しい話ではなく、祖母による子どもの虐待や、祖母と母の傷つけあいや、共倒れ的な精神疾患があったり、そもそも生活基盤が祖母の年金ベースで、母親がその年金を毟《むし》ってパチンコに溶かしたり、要するに修羅場ですね。祖父祖母が揃っているケースでは、だいたい祖父がアル中かパチンコというのが飽きるぐらい定番の三世代家族像でした。

三世代のモデルが磯野家？　住んでるのだいたい公営住宅ですし、笑っちゃいます。

阿部　子どものデータで見ても、三世代世帯のほうが、二世代世帯よりも状況が悪いことが目立ってきました。鈴木さんがおっしゃるような問題を抱えていない世帯でも、祖父母が年金生活になれば、所得は減り、人数は多いわけですから、生活が厳しくなるのは当然です。介護の問題が出てくる可能性も高くなります。

男性高齢者の貧困率は、むしろ改善している

阿部　子どもの話が続いたので、高齢者についても触れましょう。少し前に『下流老人』（藤田孝典著、朝日新書）がベストセラーになり、高齢者の貧困問題にスポットライトがあたりました。もちろん、貧困の老人はいっぱいいます。けれども、「男性の年齢層別の相対的貧困率」をご覧になるとおわかりのように、一九八五年から二〇一五年までにどう変わったか、少し長いスパンで見ると、少なくとも男性に関して言えば、高齢者の貧困率はぐんと下

がっているんです。これはおそらく鈴木さんが強い問題意識をお持ちだと思うのですが、近年は高齢者よりも若者の貧困率のほうが高いんですよね。

鈴木　正しい解釈なのかわかりませんが、これ僕は「国策貧困」の被害者が高齢で死んだってことじゃないかと思うんです。親世代、その上の世代から連鎖している子どもの貧困を取材すると、祖父祖母世代やその上が、炭鉱とか紡績関係で働くために地方からやってきた労働者だったり、比較的新しく開墾された農地でやっている開拓移住の過去をもつ農家さんの分家筋だったり、満州からの引き揚げ経験者というケースもあったりして、要するに明治から戦後にかけての殖産興業政策の中で働いてきた人がルーツというケースが少なくないんです。国を強くするために労働者集めて働かせて、その産業が衰退して、その後のケアにあぶれた人たちが、高齢者の貧困の正体だったんじゃないでしょうか。僕はこのことを国策貧困と呼んでいて、その人たちが高齢で死んでいけば、自然にその世代の貧困率が下がるのは、まあ腑に落ちる感じなんです。

阿部　私もホームレスの方々などの個別のケースを見て、日本の平均寿命よりも早く亡くなられるなあという印象は持っています。諸外国では、先進諸国においても社会経済階層によって平均寿命が大きく異なることが証明されています。しかし、日本の場合、高齢者の貧困

男性の年齢層別の相対的貧困率の推移
(1985,2012,2015)

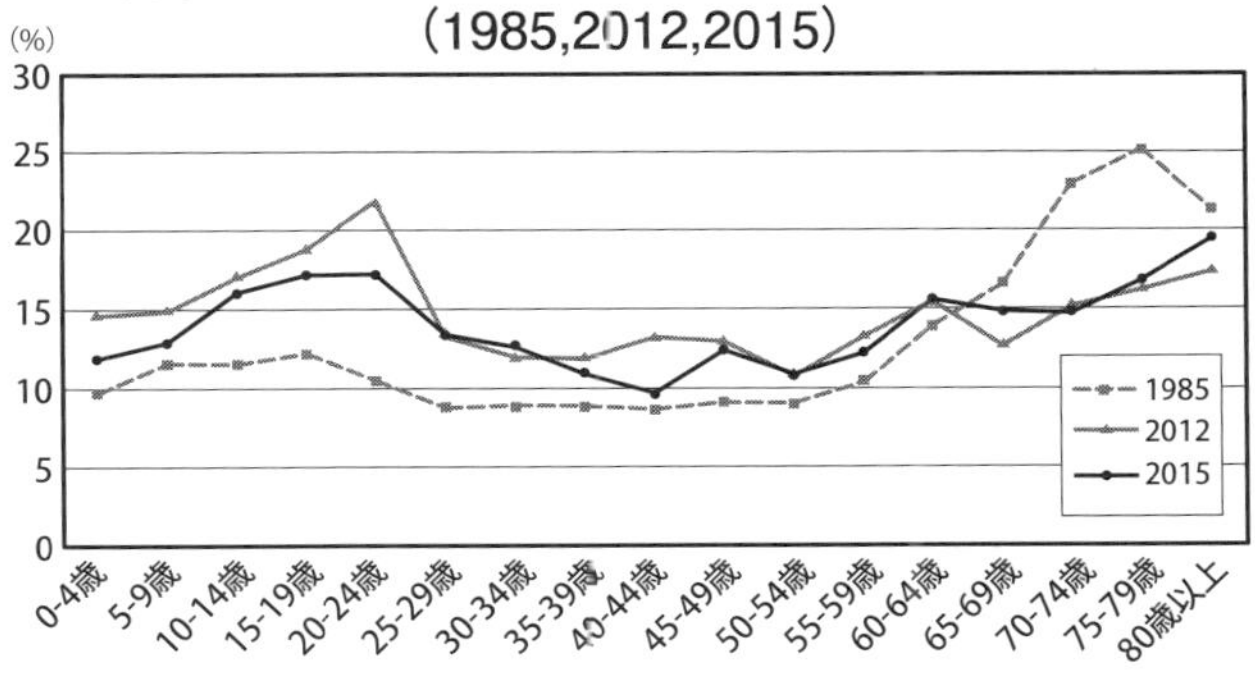

出所：厚生労働省「国民生活基礎調査」の個票から阿部彩推計

- 2012年から2015年にかけて、男性の子ども・若者の貧困率は減少。
特に最も高かった20-24歳の貧困率が減少したものの、依然としてライフコースの前期にて最も高い。
- 勤労世代では、40-44歳の減少が最も大きい。
- 65歳以上においては、若干の上昇（特に、65-69歳、80歳以上）

女性の年齢層別の相対的貧困率の推移
(1985,2012,2015)

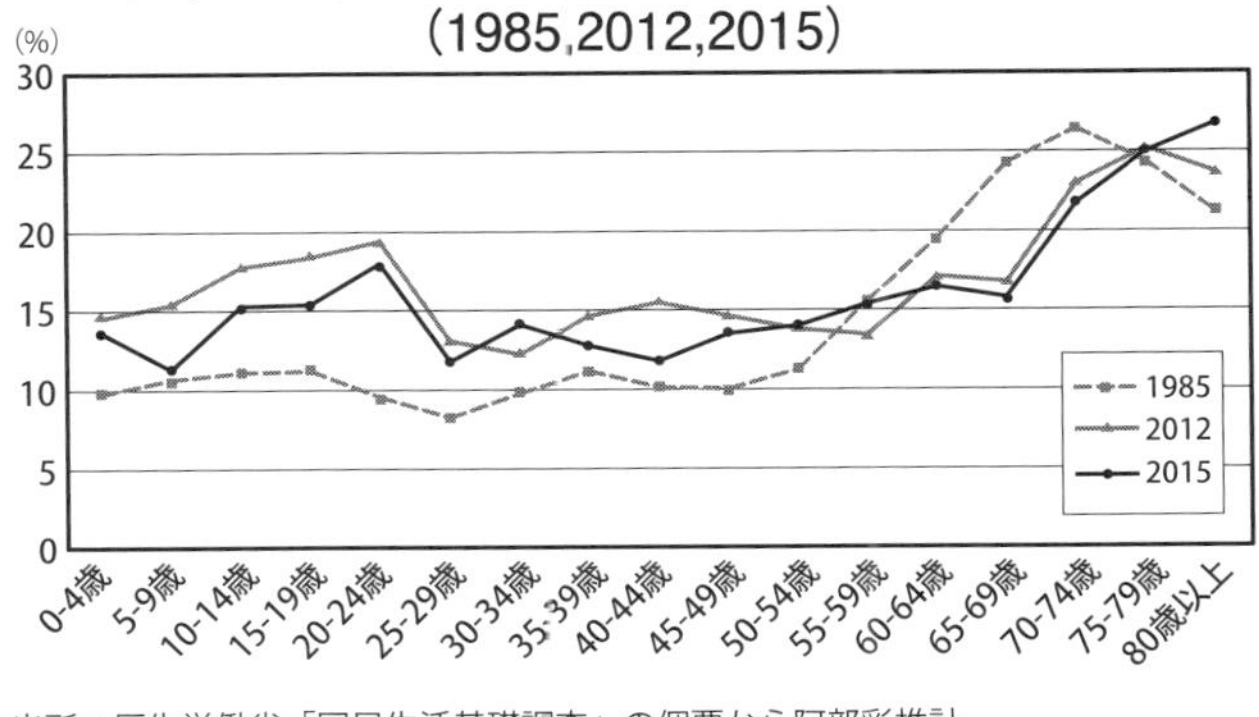

出所：厚生労働省「国民生活基礎調査」の個票から阿部彩推計

- 2012年から2015年にかけて、女性の子ども・若者の貧困率は減少。特に5-9歳の貧困率が減少。
- 勤労世代では40-44歳が最も減少。
- 65歳以上においては、80歳以上にて上昇。他はほぼ同じであり、依然として、高齢期の貧困率が高い。

率が下がった直接な原因は、社会保障制度で年金が整備されてきたことです。

ただ、これが言えるのは、男性だけなんですよね。女性の場合、高齢者の貧困率は男性のように下がってはいなくて、高齢期の「貧困化」の時期が遅れるようになっています。

マスコミは若い女性の貧困についてしか、取り上げないじゃないですか。貧困が進んで若い女性が子どもを産まなくなったら大変だ、という論調で語られているんですけど、そうなると中高年女性の貧困は政策課題じゃないということになってしまいます。でも、高齢女性は高齢男性より人数が多いですし、若い女性よりも人数が多いです。なのに、そこが問題視されていない。

女性の貧困問題が「若い女性の貧困問題」にすり替えられた

鈴木　ええと、これは反省でもあるんですが、高齢女性の貧困って取材をしようにも、抱えている問題があまりにも複雑で個別性も高すぎて、その年齢に至るまでに「やっぱり自業自得じゃないの」みたいに言われてしまいがちなライフストーリーを持っていたりもして、要するにもう「現象」では捉えられないということがあると思います。

一つ断言できるのは、彼女らが間違いなくジェンダー問題の被害者という共通項。今は少し変わってきましたが、女性の年齢別就労のM字ライン（相対的に三十代が少なくなることから、M字ラインを描く）や雇用の不平等は、高齢の女性や夫に先立たれた後の女性に大きな貧困リスクがあることを、突きつけてきますよね。

本気で掘り下げれば高齢女性が貧困に陥る人生のターニングポイントに共通点や「現象として語れる」部分が出てくるのだと思いますが、そこまで至らず「ひとりの物語」としてしか語れないものは、やはり記事にはしづらいですから、そこは反省しかない。とはいえ、このグラフでは〇歳～二十四歳の貧困率もだいぶ上がっています。特に「若い女性」の跳ね上がり方が大きいと思うのですが、それでもマスコミは騒ぎすぎですか？

阿部　「若い女性」の貧困について騒ぎすぎというか、なぜ、これが「女性の貧困」全体の話とならないのかが頭にくるところです。「若い女性の貧困」というと、「若い女性が子どもを産めなくなる」っていうコメントを言う人が必ず現れて、これは一人の女としてカチンときますね。女性の貧困が問題かどうかは子どもを産めるか、産めないかと関係ないと思うんです。女性の貧困問題を「若い女性の貧困問題」にすり替えてしまったことはおかしいです。

鈴木　少なからず耳が痛いです。僕自身、女性の貧困を社会問題として理解してもらいたいがあまり、「将来の生産人口が減ることに危機感を持て」的な発言をしてしまったことがありますが、確かに産む産まないと女性の貧困を放置していいのかっていうのは、全然別問題ですよね。

阿部　世帯タイプ別の「勤労世代女性の貧困率」のグラフを見ていただきたいのですが、これ、若い女性の貧困がすごく話題になっていた頃、ある記者さんに、私がお渡ししたデータなんですよ。当時は二〇一二年値が最新だったのですが、単独世帯、つまりひとり暮らしの女性の貧困率が三三・三％（二〇一二年値）になっていますよね。この数字をもって、若い女性の三分の一が貧困だという「事実」が朝日新聞のトップページに報じられて、そこからすごく話が広がったんです。

けれども、このグラフでもわかるように、単独世帯の女性の貧困率はたいして増えていません。前から三〇％超あるんです。

それに、私はこのデータで勤労世代を二十歳から六十四歳の女性としているのだけど、そこから出てきた議論は、十代後半とか二十代前半の若い女性のことだけだったんです。

確かに若い女性の率は高くなっていますが、二十代の単身の女性よりも五十代の単身女性の貧困率のほうが絶対高いんですよ。だって、結婚していなかったり離婚していたりといっ

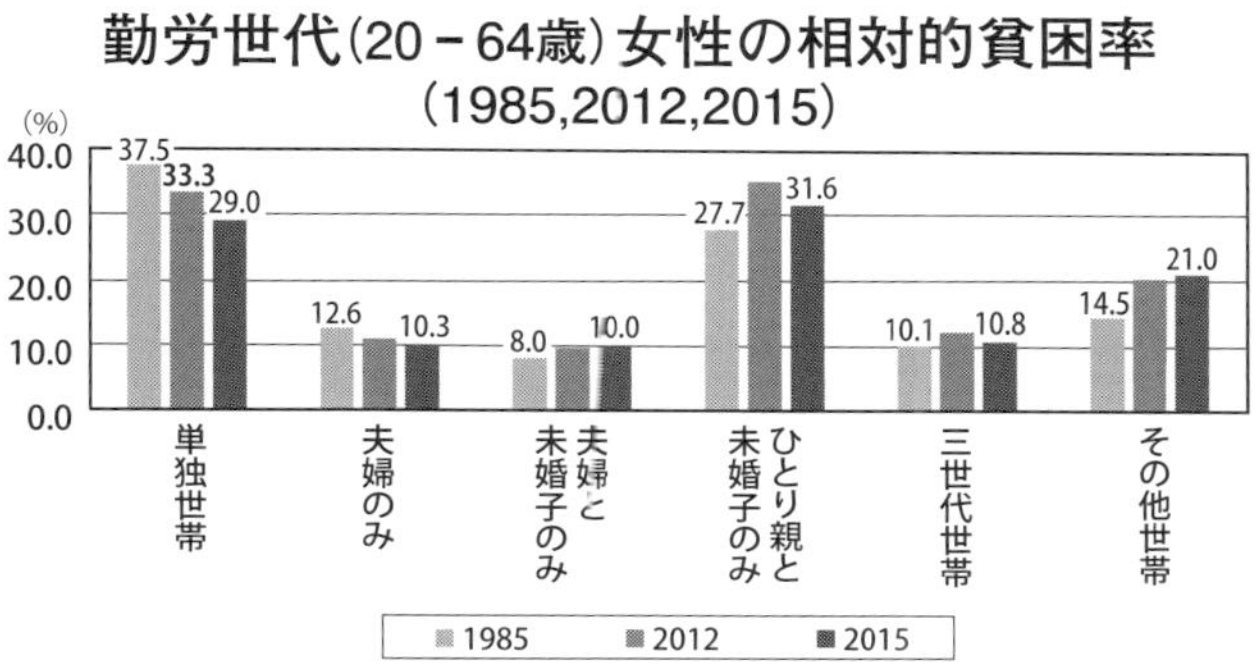

出所：厚生労働省「国民生活基礎調査」の個票から阿部彩推計

- 勤労世代（20-64歳）女性の世帯構造別の貧困率は、1985年から2015年にかけて、子どもがない世帯においては減少しているが、子どもがいる世帯では上昇。
- 2012年から2015年にかけては、概ね減少。最も大きく減少したのは「単独世帯」であり4.3%、次に「ひとり親と未婚子のみ」世帯であり3.6%の減少。
- しかし、「夫婦と未婚子のみ」と「その他世帯」については若干の上昇。

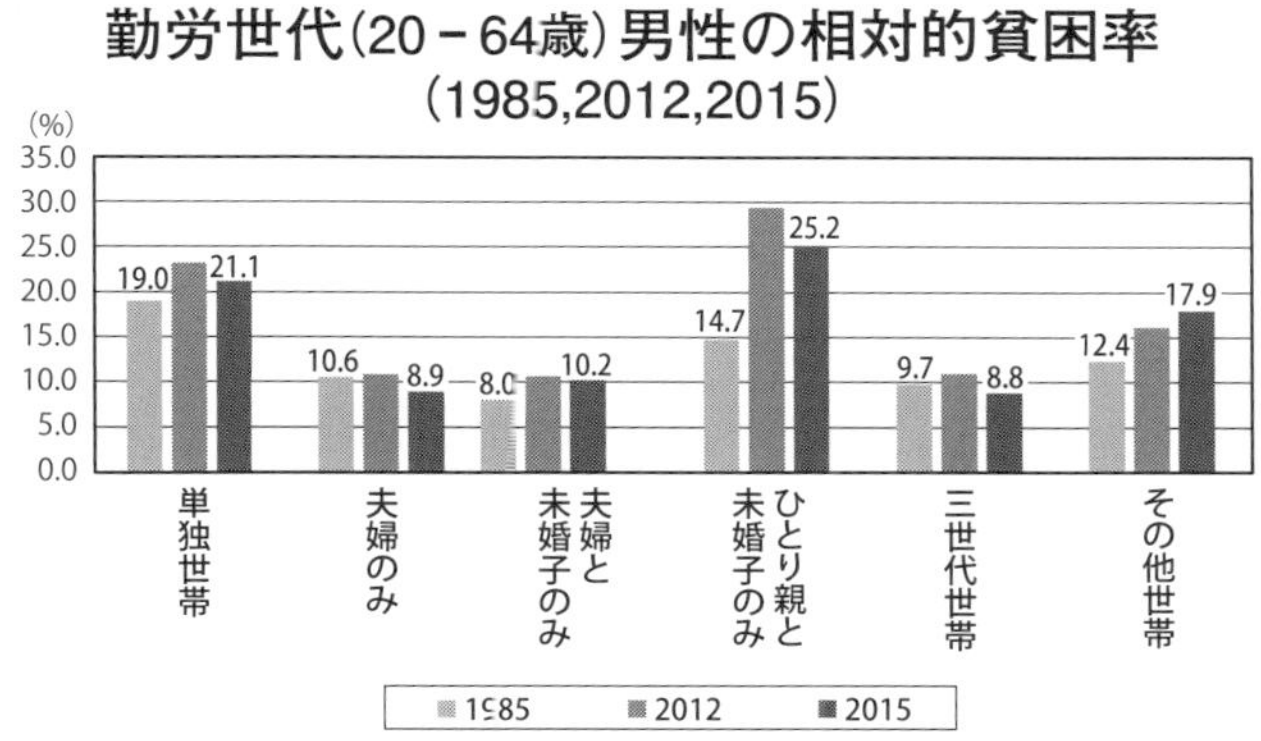

出所：厚生労働省「国民生活基礎調査」の個票から阿部彩推計

た中年女性ですから。なのに、勤労世代の女性の貧困のデータが、若い女性の貧困という問題にすり替えられてしまった。それで「貧困女子」という言葉がいつの間にか作られていました。貧困女子本もいっぱい出ましたよね。

『最貧困女子』刊行後の落胆

鈴木　おそらくメディアに「貧困女子」の言葉を出したのは僕なんですが、実は拙著『最貧困女子』（幻冬舎新書）のタイトルを決める際、「最」の文字がついていなければ嫌だと言い張ったんです。貧困状態が可視化していれば、公的扶助は機能する。けれども若い女性はセックスワークや売春などの産業の中で、色濃い貧困状態にありながら一時的に貧困を「不適切かつ一時的に自己解決」できてしまう瞬間がある。そして彼女たちの貧困の多くは、そのベースに生い立ちの貧困や成長・発達の機会を逸する環境があったにもかかわらず、そして苦しさを感じているにもかかわらず、グレーな産業で自己解決してしまった時点で社会から白眼視されて、排除され、いずれ社会に対して強い斥力《せきりょく》をもつ存在になってしまうんです。

けれどもそんな自己解決には限界がありますからね。もう、彼女らが子どもを産み育てる中で、貧困の再生産が起きないはずがない。そうした意味で「最」をつけたんですが、言葉のインパクトだけ独り歩きして、結局多くのメディアには単なる若い女性の低所得問題の枠内でしか理解してもらえなかったのは、無念です。

「奨学金で大学に通う女子大生が風俗で！」といったような記事が横行しまくったじゃないですか。見出し主義だなと思いました。考えれば簡単ですが、それは在学中の話じゃないんです。奨学金を返す卒業後に職にたどり着けなかった元女子大生が風俗のバイトをしているケースは腐るほどあるでしょう。けれどもメディアは、特におっさんメディアは、奨学金を払って大学に通う「現役」女子大生が風俗にわんさかおるぞみたいな糞ったれなポルノ文脈に解釈したわけです。悪意すら感じますね。

若い女性の貧困でこれですから、中高年の女性の貧困はもう「コンテンツの価値がない」という判断なのだと思います。慚愧《ざんき》しか感じませんが……。

阿部　一番厳しい状況の若い女性の貧困が、セックスワークなどの「自己解決」によって、見えなくなってしまい、かつ貧困が深化していくという問題があると思います。「女子大生が風俗！」みたいなのは、もう、女性の貧困への関心ではなくて、ポルノ文脈ですよね、本当に。

正直に告白すると、私は最初に鈴木さんの『最貧困女子』を見たとき、「なにこれ⁉」と憤ったのですが、中身を読んで、「ああ、この人はこの子たちに真剣に向き合って、貧困問題の表面だけでなくて深層までわかっているんだな」と感心したんです。

いずれにしても、マスコミとしては中高年女性の貧困には関心がないんでしょうね。それよりも「若い女性の貧困が急増している！」とやりたがる。生活は親頼りで自分の稼ぎを全部自分のために使える「独身貴族」のイメージを覆すことができるし、「若い女性が大変」というだけでニュースバリューがあるから。きっとそういうことなんだろうな、と思ってがっかりしました。

女性の貧困問題を子育ての問題にすり替えるな

阿部　他にもよくあるのが、女性の貧困問題を「子育てと仕事の両立支援」の問題にすり替えるレトリックですね。子どもの貧困、女性の貧困は子育てと働くことの両立支援ができていないからだ、だから保育所を作らなきゃいけない、といった議論を誰も疑うことなくしています。

けれども数字で見ると、二十五歳から四十四歳の女性で出産経験がある人は六割しかいないんです。この年齢って小さな子どもを持つ年齢層ですが、四割の女性は子どもを産んでいないわけです。四十歳から四十四歳までの年齢層で見ても、七割の女性しか子どもを産んだ経験がありません。それより年齢が上の女性が初産で子どもを産むことはほぼないので、今の日本の女性で出産を経験する人は七割だと言うこともできます。残り三割は、子どもがない女性です。

女性ひとりの貧困だと問題じゃないのか？　女性の問題って、なんでいつも子どもの問題とセットで考えなくてはいけないのか？って、不思議に思いませんか？　女性って、人間の半分なのに、個人でなくて、「母」とか「これから母となる人」としてじゃなきゃ認めてもうえない。いくら保育所作ったって、子育て支援が完璧だって、子どもがない三割の女性や、出産育児どころじゃない、生きていくことだって大変な貧困の女性には何の役にも立たないのに……。

鈴木　確かに子ども、子育て支援をやれば女性の貧困全体に対してのケアができていると見なすのは、大きな間違いですね。そこは分けて考える必要があるということ、改めて認識しました。メディアの問題については、またのちの章でも話しましょう。いずれにしても、僕自身の思い込みも含め、貧困に関する世の中の誤解って数多くあるものですね。それをこの章でかなり整理することができたんじゃないかなと思います。

（注１－１）**SEALDs（シールズ）**　正式名称は「自由と民主主義のための学生緊急行動」。二〇一五年に結成され、集団的自衛権の行使を可能にする安保関連法案に反対。安倍政権を批判し護憲を訴えた。二〇一六年八月十五日解散。

（注１－２）**相対的貧困率**　ある社会のなかで生活する際に、その社会の標準的な生活習慣や行為を行うことができない人の割合。

所得を用いた推計の場合、「等価可処分所得」が、社会全体の中央値（平均値ではなく、高い順に並べたときに中央にくる値）の一定割合（五〇％を用いることが多い）以下の世帯の割合を指す。

等価可処分世帯所得とは、世帯の中のすべての世帯員の合算の可処分所得（勤労収入、資産収入などの収入および公的年金、生活保護、子ども手当など社会保障給付金から、税金、社会保険料などを差し引いた額）を世帯人数で調整した値のこと。

第二章

なぜ貧困を放置してはいけないのか？

「旅をする人類」仮説

鈴木　ここで、そもそも論をしていいですか。僕が阿部先生にぜひともお聞きしたいと思っていたのは、貧困を放置してはいけない理由についてなんです。なぜ貧困対策を立てたり、この社会から貧困がなくなるようにしたりしなきゃいけないのか、というおおもとの問題なんです。現実に貧困はある。それはわかった。僕自身は貧困は苦しみを伴うもので、苦しいと感じている人間をそもそも放置してはいけないって、その論ですべて解決してほしいと思うのだけど、実際はそうじゃない。なんで貧困の人たちを支援しなきゃいけないのか、自己責任で仕方がないんじゃないか。そういうふうに考える人があまりに多すぎて、「それを一〇〇%封じ込めるひとこと」がないことに、無念を味わってきました。

阿部　わかります！　しょせんヒトゴトの域をなかなか出ない。貧困じゃない自分たちの生活だって大変なんだ、それどころじゃないんだ、というところに行ってしまう。

鈴木　しかし、貧困を放置してはいけない。なぜか。まず理由の一つに、「人道的に問題だから」というものがあります。情緒的にそう感じるのでもいいし、憲法で保障されている生存権を持ち出してもいい。ただ、それって説得力があまりないんですよね。そこに説得力を持たせるには、想像力が必要なわけで、身近に当事者がいてもなおその想像力はなかなか機能しない。

阿部　きれいごととか、建て前として捉えられて終わってしまう。

鈴木　ええ、だから情や法律以外のところで、貧困を放置していない明確な理由がほしいんです。そこを本気で言葉にしていかない限り、何も前進しないと思って。

最近、僕が若い男の子に「生活保護がなぜ必要なのか」を説明するとき、よく使うお話があるんです。人類は旅をしている。目的地で社会をつくるために旅をしているんだ、という仮説で説明すると、それに結構みんな反応するんです。

阿部　どのように？

鈴木　彼らの目的地は、まだ誰も手を入れていない荒野なんです。今はまったく何もない荒野だけども、ちゃんと手を入れれば日当たりもいいし、水もあるし、そこには畑を作れて、社会を作れる。そんな場所を目指しているのが人類だという仮説です。

で、その目的地に向かう旅の途中では、怪我をしてしまう人もいるし、病気になっちゃう人もいる。そういう人たちは旅の足手まといだから放っておいたほうがいいのか。放って置き去りにしたら、目的地に着いたときに人手が足りなくならないか？　そんな疑問から、考えを進めてもらいます。

目的地に着いた後も、開墾し畑を作り、井戸を掘り道路を作り、家を建て、社会というものの基盤を整えるにあたって、どれぐらいの種類の人と、どれぐらいの量の人的資源が必要なんだろうと考えてもらうわけです。

男の子はこうしたシミュレーション的思考は好きだから、結構楽しみながら話題に食いついてきます。例えばそうした社会基盤を作ったのちには、その維持も必要だよねとか。掘った井戸も道路も、永続的に使えるものではない。井戸が涸《か》れたら他に掘り直さないといけないし、我々が使っているアスファルトの道路だって建物でも橋でもダムでも耐用年数があって、常に維持整備をしていなければ使えなくなるんだぞなんて言うと、感心して「へえ」ってことになる。

こうした対話をすると、案外若者サイドのほうから「じゃあ旅の途中でも、村を作ったあとにでも、怪我をした人や病気になった人を排除していったら、人が足りなくなって、せっかく作った村に住めなくなっちゃいますよね」と、すんなり浸透する感じがありますね。

ただ、こうした提題に対して必ず頭のいい子がする反論もあります。例えば労働資源は海外移民でいいじゃないかとか。これはまだ誰も答えを出せていないので答えに窮するわけですが、一番困るのは「じゃあ、怪我や病気を治して、それでも生産力にならない人はどうするんですか」って問い返し。つまり、高齢者と障害者のことを指しています。「彼らに生活保護を与え、社会の一員として一緒に旅を続け、一緒の社会で生きていく価値は何なんですか？」って言われたとき、「誰もがいつかはその当事者になる可能性があるから」という論は、福祉を受けて生きている人たち以上に生きづらいと日々思っている彼らには、届きません。「ずるい。だったら俺も障害者になる」って言いかねない。そんな彼らに、僕には返すべき説得力のある言葉がなくて……。

阿部　辛いところですよね。

鈴木　辛いです。もう一つの理由として、「治安維持のため」というものはあります。食べれない人は奪う側に回る可能性があるから、誰もが食べることができる世の中にしないと社会不安を招くと。けれども僕は、それをどうしても言いたくない。なぜかと言うと、治安の悪化防止は、奪われるものを持っている人たちが、持っていない人たちを排除し、自分たちの安全を守るという考え方につながっちゃうからです。

阿部　貧困者は犯罪者になる、というレッテル貼りになってしまうんですね。

鈴木　そうなんです。そういう危険性もあるし、その考え方からちゃんとした貧困対策が生まれてくるとは到底思えない。

人材投資論

阿部　治安の悪化を訴えると納得する人も少なくないだけに、哀しいですよね。ですけど、鈴木さんの今の訓話はすごくわかりやすいです。若い人にも聞いてもらえると思う。別の言い方をすれば、労働力論。いずれ労働力が足りなくなりますよ、だから貧困投資しなければいけませんよ、っていう話。

これを私が使うときには、例えば「日本はそうじゃなくても人口が減少してきて、労働力もどんどん足りなくなってきます。そんな中で子どもの一四％、七人に一人の貧困の子が労働力にならなかったら、日本のＧＤＰは大変なことになっちゃいますね」という話をしたりします。すると、経済界の人たちとかは何とか納得してくれるようなところもある。

さらに、「では、貧困の子ども、例えば十二歳の子どもに何年間投資をして、その人が正規労働者になった場合どうか。その人は一生の間にいくらの社会保険料と税金を払い、なので投資としては何％の利益になる。国としても、この一人の貧困にたとえ五〇〇万円かけたとしても、この人が一生に払う税金や保険料は〇〇〇万円になるから十分に元はとれる」みたいなかたちで、実際に試算した数字を呈示します。そうやって説得することはできるんですよね。実際に、日本財団はそういった試算をしていて、現在、高校中退が多かったり、大学進学率が低い生活保護世帯や児童養護施設、ひとり親世帯に育つ子どもの大学進学率が上がったり高卒率が上がったとしたら、その子たちが一生で稼ぐ所得は約三兆円、税や社会保険料は約一兆円増えるという推計結果となっています。

鈴木　ビジネスマンにはその論法が一番説得的でしょうね。

阿部　ええ。ちょっとずるいけど、私は、納得してもらいたい相手によって、さまざまな論を使い分けます。相手の価値観に合わせていくんです。そうでないと、納得してもらえないから。

でも、実のところを言うと、この人的投資論や労働力論の話はなるべくしたくありません。これって結局人間の価値をどれだけ稼げるかっていうことで測っているから。例えば、男の子に投資するのと女の子に投資するのを比較したら、明らかに男の子に投資したほうがお得なんですよ。だって、今の日本社会では、男性のほうが断然に収入が高いので、納める税金の額も高いわけですよね。じゃあ、貧困問題についても、男の子のほうに重点的にやりましょうか、という議論にならないとも限らない。先ほどの鈴木さんのお話にも出た障害をもつ方の話になってきたら、ますます斬り捨ての方向に向かっちゃう。

ノーベル賞も受賞しているジェームズ・ヘックマンという経済学者が、子どもの貧困対策をするときは、子どもの年齢が若ければ若いほど収益率はいいというような議論を展開しています。ヘックマン的には、投資率が高いのは就学前までという話になる。そこを広げていくと、「じゃあ、高校中退層の子どもたちに投資しても意味ないじゃないですか」みたいな議論になっちゃうんですよ。

鈴木　そうか、人的投資論にも罠があるわけですね。投資って、要するにリターンを大きくするための行為ですもんね。貧困対策はリターンの大小で判断されるべきじゃない。

阿部　そうです。だけど、今の経済学系の人たちは、そういった議論の仕方をするんですよね。子どもは投資の対象として、「日本は資源がまったくない国だから、人に投資するしかないでしょう」とか、「昔の日本の高度成長があったのは、比較的に教育レベルが高い、たくさんの人的資源があったからでしょう」というような話がすうっと通る。でも、人的投資論で落ちこぼれの子どもに再教育なりの機会を与えてといった議論を煮詰めていくと、ヘックマン的な結論に行き着くんですよ。

鈴木　阿部先生がアカデミズムの世界で当たり前に話していることが、本当に新鮮です。説得する相手によって論を使い分けるのは、大変納得。そしてここで大事なポイントは、貧困者を差別する人たちに対して、貧困をなくすことが彼らの自己正当化にもつながるようなロジックで話すことに感じました。彼らが貧困者を差別する理由として、叩くことが自らの正当化につながっている部分が多々ありますから。

裕福な高齢者をどう説得するか

鈴木　僕ね、貧困と治安を絡めて語りたくない大きな理由があるんです。今、日本で一番お金持ってるのはやっぱり高齢者ですよね。格差は当然ありますけども、財を蓄えているお年寄りは多い。で、高齢者向けのコンテンツの中で一番響くのって、おそらく治安なんですよ。昨今のメディアにとってアルソックみたいなセキュリティ産業は大口のスポンサーだから、企画も通りやすい。そこに乗じて、もう明らかに誤った貧困の報道の仕方で、貧困を放置するとえらいことが起きるよ、貧困を放置すると振り込め詐欺とかどんどん悪くなるよ、って。そういう企画はやりやすいわけです。

僕自身、阿部先生同様、伝える相手次第で論を変える必要があると思っているので、著作の中で同じことを言っちゃってますけども、やっぱり本来目指している貧困問題の提起とか貧困の可視化とは別の文脈で解釈されてしまうことが多くて、悔しい思いをしてきました。そうやって危機意識を煽ることによって、彼らが身を固め、防犯ビジネスのスポンサーがつき、それがさらに階層間への憎しみを煽るようなコンテンツが定番化したらもう、最低ですよね。

もうそれは絶望的なので、やっぱり一番は人道という言葉ですべてが解決すればいいんですけども、それを訴えるにはあまりにも我々が疲れ果てているわけじゃないですか。人道論が通らないという。なんかこう……。

阿部 人道論が特に高齢者の方で一番難しいのは、「それぐらいの逆境があっても頑張って撥《は》ね除けろ。俺はそうやってきたぞ」みたいな反発が出てくることですよね。「別にスマホなんか持てなくてもいいじゃないか。そんなの贅沢だ。電車賃が出せないなら自転車で行け」と。その年代の方々はそうやって育ってきた方もいっぱいいらっしゃるとは思うんですよね。ですけど、「今の人はそれができないんですよ」という話を丁寧に、根気強くすれば、高齢者の方も納得していただけるかなと思うんですよね。

例えば、「今は若者のコミュニケーションは携帯電話があることを前提としているので、携帯がなかったら友だちとも話ができないんです」とか、「昔は中卒でもこんな職業がありましたけど、今は中卒だとキャリアとなるような職に就けない」とか。鈴木さんも書いてらっしゃいましたけど、三、四十年前は高校に行っていない層が今よりもっと多かったと思うんです。中卒も珍しくなかった。でも、別にその層の全員が困窮しているわけじゃないですよね。「昔は学歴がないという人でも、頑張って生きていく術《すべ》があったんだけど、今は許されないんです」といった話で説得できないかなあと思うときもありますよね。「あなたたちが育ってきた世代と私の世代とは違う。ましてや、今の子どもたちの世代は生きていく条件が全然違うんです」っていうことをやっぱり辛抱強く言っていく。

社会悪化論

阿部　あとは、やっぱり社会が悪化する論ですよね。私自身にはこれが一番説得的です。簡単に言うと、貧困や格差が大きい社会というのは、貧困の人ばかりでなく、裕福な人の健康や人間関係を悪化させるということです。例えば、格差が大きい地域では、格差の下のほうの人は劣等感や敗北感がそれだけ大きいですが、格差の上のほうの人も「落ちたら大変だ！」と戦々恐々となり健康が悪化する。だから、どのような人にも格差社会は厳しい。格差や貧困率が高いところは、人と人との信頼感が落ちてきます。「あなたは、初めて会った人につい て、どう思いますか」という質問で、「この人は自分を騙したり、何かをとろうとしているかもしれない」と思う割合は、格差が大きい社会のほうが多い。これらは、すでにデータで立証されています。

つまりこれって、格差や貧困は社会の質を悪化させるということかと思います。悪化が進めば、オートロックのセキュリティ付きかつガードマン付きの家じゃないと安心して住めません、と。子どもがニートになったら困るので、中流階級以上は子どもを私立の学校に入れるようになって、学校が二分化してしまうとか。そういう社会って、どのような人も大変になります。幸い日本は、まだそこまで社会がぎすぎすしていないし、二分化されていない。だから、「貧困を放っておいて日本がそうなってもいいんですか」みたいに脅すこともあります。

ただ、ここで誤解してはならないのは、格差と貧困には本質的な違いがあることです。

格差は分布の全体のゆがみを表すものですから、例えば、中間層と富裕層の差が広がっても格差は拡大します。でも、貧困は分布の中で「これ以下は許しがたい」というレベルの割合を示すわけですから、分布の下のほうしか見ていません。ですので、全体の格差が縮小しても、貧困率が上昇するといったようなことも起こります。また、「これ以下」という線を引かなくてはならないので、ある意味、「これ以下がダメ」という価値判断が入ります。

ですが、格差については、「格差があってなぜ悪い」という人たちが一定にいて、例えば、「格差がないと人は一所懸命頑張らない」とか、「勝ち組が負け組より報酬が高くてなぜ悪い」

といったことがよく言われます。しかし、貧困の議論は、そういうことではないのです。たとえ、負け組だって、最低限の尊厳を守る生活があるべきだし、負け組にそういった生活を保障するからって、「私頑張らない」という人がそうそういるわけではないと思います。

たとえて言えば、私はよく「大貧民」というトランプゲームの話をします。私の育った地域では、「大貧民」に勝つと座布団がもらえて、負けると床に座らなければいけなかったりする。これって「格差」ですよね。これはいいんです。だけど、負ける人のペナルティがもっと極端なものであったら、誰も「大貧民」なんかプレーしないですよね。たとえ、それがフェアなゲームであったとしても。

階級社会化仮説

阿部　問題は現実がフェアゲームですらなくなっているってこと。この頃、私は「今の子どもの貧困層というのは、二代目です」ということを言うようにしています。私の世代ぐらいまでは、親が戦後とか戦中を知っています。日本が高度経済成長して、日本のジニ係数が非常に低かった六〇年代、七〇年代に現役時代を送ってきた親たちですよね。私の年代ぐらいまでは、そういった親のマインドで育てられてきている。

それが、今の子どもたちというのは、生まれたのが二〇〇〇年代以降で、親も若い。若い親は、彼ら自身が八〇年代生まれだったりするわけじゃないですか。だから、親も日本が右肩上がりだった時代なんかわからない。自分自身としてリアリティをまったく持ってない層で、その子どもたちが二代目になってるんですよ、と。二代目になると、これはもう階層です。今までは格差はあったかもしれなかったけど、日本に階層はなかったんですよ。でも二代目、三代目って貧困が連鎖してきたら、これは階層ですよね。社会階級ができているということなんですよ。だから、「ほんとに日本に社会階級があるような社会にしてもいいんですか」って言って脅しているんです。

そういったこともあって、私、貧困をなんとかしなきゃいけないという気運を高めるには、おそらく若者相手だと難しくて、高齢者のほうがまだ説得できるかなとよく思うんですよ。一番最初は取っつきにくいんですよ、高齢者は。最初は取っつきにくいんですけれども、でもまだ説得できる見込みがあるかなという気がしないこともないですよね。

鈴木　それはどういうことでしょう。

阿部　「あなたたちの世代はこうだったでしょ。でも今の若者はこうなんです」って言って、「こんなふうに仕事が不安定で、こんなふうに鬱《うつ》状態の子が増えていて、それで子どもも産めないし結婚もできない。もう日本はもうこのままダメになっていくのか、と憂うんですよ」みたいな感じで説得することが、まだ高齢者相手なら可能かなあと思っています。「今の若者はけしからん」と言う高齢者も、「いや、あなたたちの頃はみんな貧しかったよね。でも、これをやればこんな可能性があったよね。それが今の子たちはこんな状況なんです。非正規労働が○○%なんです」とか、「そういう可能性がない子たちがこんなにいるんです。それで内面的にも病んでるっていう子どもたちがこんなにいて」という具合に展開して、「あなたの周りを見てください。引きこもりの子いませんか」と畳みかけると、結構「知っている子がそうだ」という反応が返ってくるんです。だから、高齢者の理解はまだ進めることができる。

あと、私が可能性として望んでいるのは女性たち。人口の半分の女性たちに訴える。従来の女性団体に訴えるんじゃなくてね。私も女性ですけど、女性団体の人たちのことを普通の女性は嫌いなので……。

鈴木　確かにそういう傾向はありますね……。

阿部　なので、そこで訴えてもしょうがないんですね。そうじゃないマスとしての女性のほうになんとか訴えていって、それを政治的なところに高めていくことができないもんかと密かには思ってるんですけど、なかなか難しいですね。

男性というだけで大変なアドバンテージがある——生理の問題

鈴木 女性に訴えるのは、とても期待ができそうな気がします。女性は女性だというだけで貧困リスクにさらされる理不尽は確実にあります。

例えば身近なものとして、生理の問題があります。僕の妻はＰＭＳ（月経前症候群）がひどくて生理がとても重いんです。妻に、どのぐらい辛いのか俺わからないからたとえで聞くけど、インフルエンザと生理、どっちが辛いって聞いたら、妻が即答して生理のほうが辛いって言ったんです。インフルエンザって、結構死ぬかもしれないと思うくらい辛いじゃないですか。それよりも生理のほうが辛い、それが毎月来る。生理がないということだけで、男性にはとても大きなアドバンテージがあったんですね。

そんなテーマでＷＥＢ記事を書いたら、半年で二五五万以上のＰＶ（ページビュー数）がついて、同様に生理の重い女性からの共感の声もすごかったんです。

そんなこと、それまで考えたこともなかった。でも、そのあと自分の取材記録を検索してみたら、生理痛がひどくて、起きれない日もあって、一般職をあきらめてセックスワーカーに転じた人の話が相当数あったんですね。「それほど重い生理は婦人病じゃないの」って指摘もあるでしょうが、それこそ人の苦しさを無視する愚問で、彼女たちには婦人科をハシゴしているような人も少なからずいました。すでにそういう例に接していたんです。ですが、僕はこれまで女性の貧困を扱った原稿の中で、そのことを全然書かなかった。苦しいし不自由なんですって声を聞きとりながら、書いてこなかったことはすごく反省すべきことで。

生理休暇をきちんと運用できている会社って、日本に何％くらいあるんでしょうか？　国会議員の女性たちの生理中のケアってありますか？　じゃあ、生理が重い女性は社会進出できないじゃん、というところまで話が行ってしまいそうですが、でもそういう論って、多くの女性に「自分たちは何かおかしなところに置かれているかもしれない」と考えるきっかけにはなると思うんですね。貧困問題を女性がちゃんと訴えかける切り口として、それがあるのかなと思いました。

阿部　それを言った人、今までいないですからね。生理自体がタブー視されているじゃないですか。ただ、そこに対する女性の反応は、本当に分かれますよ。

鈴木　分かれます？

阿部　「私たちだってみんな我慢しているんだから、そんなこと言うな」という女性もすごくいっぱいいるし。

鈴木　でも、我慢できる人が基準の社会はよくない。

阿部　だけどそれは何でもそうですよ。女性のほうが不利になるので女性に対する優遇制度を設けるということになった場合、だから女性は不利になると考える女性もたくさんいるんです。そうでなくても、例えば「女性は生理があるから外回りの仕事はできないね」という判断は、配慮でもあるし差別でもあるともいえます。

でも、そうした配慮に対して反感を持つのは、どちらかというと成功している女性であることは確かです。

鈴木　やはりそこは本当は連帯してもらわなければいけないと思う。先ほども言いましたが、頑張れちゃう人を基準にするとだめで、一番頑張れない人、一番苦しい人たちを基準にすると全体が楽になるんです。これは阿部先生がおっしゃったことでもありますし、そう考えると、やっぱりその訴えかけたいマスの女性に向けて「女性であるだけでなんでこんな理不尽なリスクにさらされているの？」って問いかけをする入り口に、毎月の生理は妊娠出産よりも身近なテーマなんじゃないかなと思うんです。やっぱり、女性の貧困とジェンダーギャップ、男性が作った女性に生きづらい社会というのは間違いなくあるわけで、その理不尽感を、従来の婦人団体的なところを超えてマスの女性全体が共有することは、とてもいいアプローチだと思います。

ブラック企業が働けない人を量産している

鈴木　少し話を戻しますが、政策を変えていくためのアプローチとして、高齢者をとば口に攻めていくというのは、戦略として僕も正解だと思います。選挙に今行っていない人、貧困問題と投票を絡めていない層の人たちなどに一所懸命アプローチするよりは、もともとある巨大な票田の高齢者、団塊の世代の論調を一つに集めていったほうが、おそらくやりやすい。

ただ問題は、例えば今の若者の雇用について、ブラック企業というものはどういうものので、それに対して若者たちがこのような状況に置かれているんですよ、と高齢者に説明するのは、特に男性相手だととても難しいこと。なぜなら……。

阿部　みんなブラックで働いてきたから。

鈴木　そうです。今明らかにおかしなことになっているのが、ブラック企業を「ブラック企業ですよ」と労基（労働基準監督署）(注2-1)に垂れ込まれることであるとか、労働問題に取り組んでいるNPO法人のPOSSEなどに訴えられることに対して、企業の経営者がムチャクチャ恐れている状況です。特にＰＯＳＳＥはすごく強くて、あそこが出てきたらうちも終わりかもしれないってビクビクしている経営者がたくさんいる。こうなると、経営者側の自己防衛の方法は何かといったら、「ブラックかもしれないけども従業員を洗脳しちゃって文句が出ないようにしたほうがいい」となる。それが今、自己洗脳系、自己啓発系のテクニックを社員の統率に使っている経営者が多い理由の一つだと思います。文句出ないようにしちゃおう、みんなで頑張ってる感に会社全体をしちゃおう、っていう。

ここまで経営側が労働者を恐れているのは、労働者の主張を全部聞いていると、会社が回らなくなっちゃうからなんです。誤解を恐れずに言えばそうなんです。

高齢者でちゃんと投票している人の中には、経営側に近いところまで行った人たちも多いですよね。経営マインドを持つ彼らにとっては、そういう閉塞感を持ってる若者たちはかなりヤバイ存在。できれば刺激もしたくないし、彼らの言うことを全部聞いてたら日本が転覆しちゃうよ、みたいなことを平気で言う。そういうふうな感覚を持っている高齢団塊の男性陣に対して、それを理解させるってすっごい難しい。どう翻訳すれば伝わるのかっていうのがありますよね。

阿部　時代が違うんだということを、コツコツと納得してもらうしかないかなあ。

鈴木　説得の素材として、二八ページの議論で出たブラック企業、労働問題を放置しておくと、「貧」が「困」になるというテーマは大事だと思います。

昔は、たとえブラック企業のような状態で働いても、頑張ったらちゃんと報酬がありました。今は報酬もかなり安く、「上に行ける」という希望もない。社会全体も、高度成長やバブルみたいな時期は、もう訪れませんよね。団塊の人は「もう一発あるかも」と思っているふしがあるみたいですが、若者にその期待もないし、「良かった時代の記憶」もない。その状態でただ頑張り続けるっていうのは、そもそも無理なんですよ。

根性論が通るのは期待や報酬があるからだっていうのは、かつての若者と今の若者の比較として、説得の素材になりますよね。あなたたちもこの時代に生まれて労働していたら、昔ほど根性論で頑張れましたかと。

で、大事なのはそこから先で、ブラック企業が、社員を「貧」の状態に据え置いたまま無理やり働かせ続けることによって、単なる貧に加えてメンタルを深く傷つける「困」の状態に追い込むことのリスクを理解してもらうこと。

「メンタルを病む」とは、そのまま「脳を傷つける」に置き換えられると思うんですが、この脳が傷ついた人たちをもう一度労働市場に戻すことにどれだけの時間とコストがかかるのかという論は、ブラック企業問題を具体的な長期的労働市場の損失に結びつけて考える、大事な論点になると思います。

実際、激しくメンタルを病んでしまった人を労働に戻すのに長大な時間がかかることは、生活保護という国庫負担が長引くケースが多いことでわかります。

大事なのは「メンタルを病んでいたら、脳が傷ついていたら、どうして働けないの？」を理解してもらうことですが、ここは高次脳機能障害の当事者である僕が抱えている大きなテーマなので、またあとで話しましょう。

かつては子どもより高齢者の貧困率のほうが高かった

阿部　高齢者に関して言うと、今の高齢者がまだ若かった頃は、子どもの貧困率より高齢者のそれのほうが全然高かったんです。若者の貧困率もそんなに高くなかったですね。高齢者の貧困率は滅茶苦茶高く、時代が進むほど下がってるんです。四五ページの図でもその傾向が示されていますが、この三十年間、八五年から二〇一五年にかけて、六十五歳以上の高齢男性の貧困率は、二〇・八％から一六・二％に減少しました。そういった意味では、日本の社会保障は不十分ながらも一部の貧困を解消してるんですね。

鈴木　そうなんですか。それは貧困対策、社会保障の対象から抜け落ちた人たちが死んじゃったからじゃなくて？　僕、貧困の人たちの寿命の短さってすごく気になるんですけど、かなり早く死にますよね。

阿部　確かに、貧困の人たちのほうが寿命が短いのは確かだと思いますが、全体的に寿命は延びていますし、やはり高齢男性で貧困水準以下の所得しかない人の割合は少なくなっています。

鈴木　そうなんですね。やっぱ印象で考えたら駄目だな。

阿部　これには、公的年金制度が成熟してきたことが大きい。年金がカバーしてくるようになったんですよね。国民皆年金が制度として達成されたのが一九六一年なので八五年当時はまだ高齢者の年金の加入期間が短かったんですね。まったく公的年金に加入してこなかった人も結構いて、低年金・無年金者が多かったんですよ。それが、だんだん少なくなってきている。今、六十五歳になっている人は、ごく少数の人を除いて、二十歳で成人したときからずっと四十年間、公的年金保険料を支払っています。ですから、今の高齢者のほうが昔に比べて、年金の受給がずっと増えているわけですよね。

鈴木　確かに今の高齢者の年金加入率や納付率は高いですよね。

阿部　だんだん年金がない上の層が亡くなっていき、年金保険料をがっちり払ってきた下のほうの人たちが受給者になることで、高齢者全体としては貧困率が下がってきたんです。

昔は子どもが親に仕送りをしていたことが知られていない

阿部　国民年金でも夫婦でみるとそこそこもらえますから。満額でもらえば一人約七万円、夫婦だと約一四万円もらえますよね。もちろん厚生年金に入っている人たちのほうが受給額は多いです。ですから、女性の高齢者の貧困率はまだまだ高いんですよね。男性に比べて女性のほうが厚生年金に入っている割合が少ないですし、旦那さんに先立たれて自分の年金だけとなると相当大変。そういった問題はあるんですけれども、年金はある程度功を奏している。

鈴木　なるほど。けどここでもやっぱり、女性がカバーされていないんだな……。でも、そうなると気になるのは、年金納付率が低い若者世代との年金格差ですよね。

阿部　若い人は「今の高齢者はずるい。年金をたくさんもらっていて、だから若者に回らないんじゃないか」と不満を言いますよね。私が若い人によく言うのは、事はそんなに単純ではないということ。「だったら、あなたのお宅を思い浮かべてください」と学生に言うんですよ。そして、「あなた、おじいちゃん、おばあちゃん何人いますか？」と聞く。高齢者の寿命は延びていますから、「うちは四人います」と答える学生が多い。「じゃあ、その四人の方々に年金がなかったら、あなたのお父さん、お母さんはあなたの学費を払うだけの余裕があると思う？」って言ってみると、納得してくれるんですね。ですので、昔の高齢者の潜在的貧困層は子どもが負担していたんですよ。子どもが扶養していたんです、親をね。

鈴木　仕送りをしてた。

阿部　仕送りとか、同居をしていたわけですよ。例えば今の五十歳代以下の人たちは、親への仕送りはあんまり真剣に考えないですよね。考えなくてもよくなったんです。それはやはり年金が相応に功を奏していると考えるべきなんですよね。ただの高齢者のためのお情け制度ではないんです。現役世代も若い人もみんな年金の便益を受けているんです。

なので、簡単に年金をカットしてというふうな話にはなかなかいかなくて、もう少し込み入った議論が必要かなということなんですよ。年金でも、誰に支給されるのか、どういうふうに支給されるのか、ということを考えていかなきゃいけないということですよね。

鈴木　なるほど。もう十年近く前から、「大学卒業したら親に仕送りしないと」って言う子の話も聞いているので、制度を存続させることがその負担の軽減にもつながるって論旨は、通りやすいかもしれません。

政治家が動いた

鈴木　ただ、聞けば聞くほど思うのは、鉄板の一言はないということ。完璧な一言というか、貧困をこのままにしておけないということを、あらゆる層の人たちに一言で納得できるような言葉、論理はやっぱりないわけですよね。

阿部　そうですね。なかなかないと思います。私も長いこと、「あなたの息子が貧困になるかもしれませんよ」みたいな脅しだとか、「こんなにかわいそうなことになっているんですよ」と情に訴えたりとか、場合によっては日本滅亡論ですとか、いろんな論調で説得を試みてきました。

でも、私だけじゃなく、鈴木さんもそうだし、他の研究者や記者の方などもいろいろ貧困問題について言ってきた結果、少なくとも十年前よりは人々の受け止め方も全然違いますよね。わかってくれる人も出てきています。なんかしなきゃいけないと腰を上げる人も増えている。少なくとも、十年前とか十五年前とかに「貧困」って言ったら、「何の話してるの？」「日本にはそんな人いないでしょ」という反応が大半だったのが、まがりなりにも一応、「日本の子どもの貧困問題は大変だ」となってきている。今のところ「子ども」にばかりスポットライトが当たっていますが、政治家も貧困問題について言及しなくちゃならない状況になってきたじゃないですか。それは前進かな。逆にいえばそれぐらいしか進んでないかなって、思いはしますけどね。

鈴木　子どもの貧困元年は、二〇〇八〜九年でしたっけ？

阿部　二〇〇八年だと思いますけど。

鈴木　その頃、僕は絶望してたんです。子どもの貧困というものが、いろんな人たちの口に上るようになったときにまず覚えたのは、なにを今さら急にという違和感です。僕はずっと昔から連綿と続いているものだと思っていて、貧困がなくなったことなんてバブルのときもなかったし、高度成長のときだって子どもの貧困はあったはず。なのに、にわかにそれが口に上り始め、国会で子どもの貧困ということが言葉に出されるようになって、対策法という話まで出てきて。それは何年のことでしたっけ？

阿部　二〇一三年ですね、「子どもの貧困対策の推進に関する法律」ができたのは。

鈴木　二〇〇八年からすると五年間で。

阿部　早かったですよね。

鈴木　正直、「何を今さら」感があった僕だけに、相当びっくりしました。いったい何が起こったんですかね。誰かがすごく活動しなければ、あんな動きにはならなかったでしょ。

阿部　あれは政治的にうまく動いたってことじゃないかな。貧困問題全般に関しては民主党がずっと言ってきて、それで二〇〇九年に政権交代があったじゃないですか。で、その民主党の中に子どもの貧困について特に力を入れていた何人かがいたわけですよ。なんとか法律をつくりたいという議員たち。

貧困問題にお金がつくなんて考えはなかった時代でしたけれど、実は法律をつくるのにはたいしてお金がかからないんです。なので、とりあえず法律をつくっておけばこれから予算要求していく際にもスムーズにいくだろうということで、理念法だけでもつくりたいねという話があったときに、うまく自民党が乗ってきたんですよ。二〇一二年の年末に、自民党が政権を奪い返して、でもそのあと生活保護のカットなどを立て続けに行い、弱者に対して優しくない自民党という批判が高まり、党として貧困とかに優しい面を出したいという動機かなと。理念法だったらお金がかからないし、これを打ち出していこうとした自民党の層があったわけです。結果、与野党全員一致で法律が通ったんですよね。

理念法ですけど、法律が通って、その後、少しずつでも予算もつくようになってきたので、そういった意味では進展かなと思います。この程度で「貧困対策をやってます」と政治的にアピールされちゃうと、「クソー、まだまだ全然だよ」と思うところもあるんですけど、でもそれでも何もないよりはいい。

鈴木　そうですね。

阿部　もうほんとに社会保障制度全体から見たら雀の涙ぐらいの予算しかもらってないですけど、それでも二十何年ぶりぐらいに母子世帯に対する児童扶養手当の支給額が上がったんですよ。今までずっと下げられてばっかりだったのが、上がった。それはやっぱり喜ばしいことだし、政府の子どもの貧困対策って「??」と思うものもいっぱいあるけど、でも、「日本の貧困問題はありません」って言っていた頃の政府も知っているから、ここで批判モードになるのではなく、訴えたいことは譲歩せずに、辛抱強く訴えていくしかないなと思いますよね（笑）。

鈴木　そういう動きがあったんですね。難しいなあ、政治の話は。僕はまた阿部先生まわりの人たちが何かマジックを使ったんじゃないかって思っていて。

阿部　いえいえ。フローレンス（注2-2）の駒崎弘樹さんのように、与党の中にもすうっと入り込める方々が出てきたというのもあると思います。あと、あしなが育英会（注2-3）が大きな政治的影響力を持っていて、そのおかげでというところもある。

鈴木　そこで育英会が出てくるか。僕、ちょっと育英会的なシステムにアンチなところがあって。まあ、いいですけど。

おばちゃんのパワーと限界

阿部　話をもっと身近なほうに寄せると、市民活動で子ども食堂(注2-4)始めたりしている元気なおばちゃんたちって、すごくいっぱいいるんですよね。貧困問題についても、彼女らは話すとわかってくれるし、それに感覚的なものとしてこのままじゃいけないと思っている。だから、実際に動いてくれるし、とてもパワーがある。

でも、彼女たちのそういった活動は、すごくPTA的なんですよね。自分の自転車で動ける範囲で活動するという感じかな。それはそれで力強いんですけれども、そこをもう少し政治的なところまで結びつけていくことはできないんだろうか、とよく思います。彼女たちは、そのあたりが非常に苦手なんですよね。

鈴木　わかる。すごくわかります。僕、男なんですけど、結構男性には絶望しきっていて、おばちゃんたちのほうがいい。女性の中でも戦中の隣組から続いてるんじゃないのという感じのなんとか婦人団体といわれるところは、男性属性の強い女性たちの集団なんで期待できないですけど、一方で女性属性の強い女性たちに対して、PTA的なローカルを超えたところも考えてもらうところには、すごく可能性を感じますよね。

阿部　いやあ、ほんとに子どもの学校のPTAに出ると、この人たちすごいなって感心するパワーがあるんですよね。地域の子どもたちが何百人来て丸一日遊ばせるっていう活動とか、そういうことができちゃう。それがそれ以上のところに行かないのが、実にもったいないというか。

地域の子どもたちについても、やはり地域の女性がケアしているということがあると思うんですよ。たぶん、貧困問題を解決するとか、そうした意識でなくて、お腹がすいている子どもがいたら、食べさせたくなるとか、着ているものが破れていたら「ほら、貸しなさい。縫っといてあげるから」といった母性本能的なものだと思いますけど。ただ、でもそれはあくまでも彼女たちのローカルなアクティビティの中での配慮。もちろんそういうのも必要なんですよ。その地域で包摂《ほうせつ》していくというのも必要なんですけれども、でも私はそこから、それこそ「児童扶養手当をもうちょっと拡充してくださいよ」といった要望を政治につきつけるといった話まで持っていける活動をしてほしいと思うんです。けれども、そこには絶対結びつかないんですよ。「そういう政治的なところは……」みたいな話になっちゃうんですよね。

鈴木　わかります。僕、四十代男性ですけど、おそらく属性はおばちゃんっぽいところがあるんで、そうなんです。財源であるとかロビーイングであるとかという話になってくると、いきなり一歩退いちゃいますよね。自分の手の届くほんとにチャリンコの範囲内ならばすごく頑張れるんですけど、それ以上ってなかなか難しい。そこは引っかかってしまう。

子ども食堂もいいが、中学校の給食も必要

阿部　子ども食堂は素晴らしいけど、それだけでは足りないという議論をしなければなりません。子ども食堂はもしかすると「貧」の子どもたち、「困」までには陥っていない子どもたちにはいいのかもしれないですよ。

決して無駄でもないし、子どもの貧困対策の一環ではあると思うんですけど、国とか自治体にはそれだけで「子どもの貧困対策やりました」なんて大きな顔しないでくださいねと言いたいと思う。現実的には、「困」の状態の子ども、特に少し柄の悪いような子どものケアは、子ども食堂のおばちゃんには難しい。

鈴木　そうですね。子ども食堂はすごく頑張っているけども、子どもの心の問題を解決するには限界がある。そもそも子ども食堂にしたって、純粋に民間の善意で運営されているもの

で、政府は何の貢献もしていないですよね。

阿部　ちょっとお金出しているところもありますけどね。

鈴木　お金出してるところがあるんだ。

阿部　子ども食堂に対し、自治体からちょっと補助金が下りている場合もあります。でも当然、それだけでは不十分。私はそれよりもちゃんと、公立中学校で給食出してよ、と思う。給食が出ていない中学校はたくさんありますから。首都圏でいうと神奈川の中学校ではあまり出ていなくて、西日本には、「ないのが当たり前」という状態の地域が多いです。

鈴木　公立中学校の給食問題について、アンチを言う人たちって結構たくさんいるじゃないですか。

阿部　ほとんどの人は反対ではないと思うんですよ。でもその一部の人たちの声がすごく強い。「お母さんの愛情弁当が必要だ」みたいな人たちですよね。

鈴木　それそれ……、正直ため息が出ますが、残念ながら高齢で知的階層な女性に強い、あの良妻賢母感、すごくわかります。

でもなるほど、子ども食堂を評価するのもいいけど、すべての公立中学校で給食が出る制度にしたほうがいいのではないか、本来はその議論に注目すべきですよね。やっぱりなんというか、「ツールの選択を誤ってきた」って感じがすごくします。ツールというのは、言葉です。貧困問題をいろいろな層に問いかけるのに、いくつもある言葉のうちの一つを使うことに固執すると、どうしても梨のつぶて感がある。けれどもおばちゃんたちに給食制度の重要性を説くように、いろいろな層に、比較的合意形成をしやすいツールを提示する、つまりツールをきちんと使い分けることが、少しずつでも味方を作っていくことにつながる。なんだか「貧困問題ターゲット別論破ブック」みたいの、作りたくなりました。

(注2−1) **POSSE** 特定非営利活動法人。二〇〇六年、今野晴貴らによって結成される。「労働相談、労働法教育、調査活動、政策研究・提言を若者自身の手で行うNPO法人」(同法人ホームページより)。違法な職場の問題を解決するための活動を展開している。

(注2−2) **フローレンス** 主に育児に関する問題解決をめざす認定NPO法人。駒崎弘樹らにより二〇〇四年に設立。自宅訪問型の病児保育、小規模認可保育所や障害児保育園の運営などを行う。駒崎氏は内閣府子ども・子育て会議委員も務めている。

(注2−3) **あしなが育英会** 「病気や災害、自死(自殺)などで親を亡くした子どもたちや、親が重度障害で働けない家庭の子どもたちを支える民間非営利団体」(同団体ホームページより)。一九九三年設立。奨学金を給付、あるいは無利子貸与している。

(注2−4) **子ども食堂** 地域住民や自治体が、無料、あるいは数百円程度の低料金で子どもたちに食事を提供する活動を指す。現在、全国に二二〇〇カ所以上あると言われている。

第三章

誰が貧困を作っているのか？

新築の家、結婚式、教育産業——「強制出費」の悪者たち

鈴木　悪者探しはしたくないのですが、日本の貧困問題の悪化に加担している存在というのは、やっぱりあると思うんです。そのへんの話もしていいですか。

阿部　悪者誰ですか。

鈴木　悪者はいます。例えば、中間層の可処分所得を減らしてる連中。それは新築住宅を無闇に勧める人たちだったり、数百万円かかる結婚式を勧めるブライダル産業だったり、地方には中古車市場がたくさんあるのに新車を勧めるディーラーであったりする。やみくもに大学全入を勧めてきた教育ビジネスもそうですね。

この人たち全員に僕は責任を取ってほしいと思うんですけども、阿部先生の本の中に強制的な消費や支出の問題に触れた箇所がありましたよね。携帯電話などを例として語られていましたが、中間層の可処分所得をきれいに吸い取っていく人たちというのは本当にたくさんいて、なんでこんなことを強調するのかと言いますと、地方の人たちなんかに取材していると、身近に貧困に陥った人がいたときに「だって、あの家って三年前に新築の家建ててたよね」「だって、あの家って新車乗ってたじゃん」「いい結婚式挙げてたでしょ」という話がし

ばしば挙がってくるんです。

そういうキラキラした何かを見せられ、大きな消費をさせられた人たちが、いざというときの貯えを失い貧困リスクにさらされている。三十五年ローンでぎりぎりやっていくというようなプランニングに乗せられ、綱渡りみたいな人生を送っている。

それは僕、官製の貧困だと言えると思っていて、新築を買うぞ、買わせるぞっていう産業などは、国策として奨励してきましたよね。不動産の取引数は、そもそも経済指標として語られてきたし、その成績を向上させるためにさまざまな規制緩和とか金融サービスが生まれてきたわけです。金利政策は新築販売件数に直結しますし、常に政策が「売る側」の味方だったのは、間違いない事実でしょう。でも例えば自己破産者とか自宅を競売にかけられた人に取材をすれば、かつて十分な世帯収入があった人たちが、あっけなく貧困に落ちたりしているんですよ。これは世代間を連鎖する貧困とかとは全然別の層です。そんな人たちが、夫婦一方の失職とか、親の介護離職とか、ステップローンの金利切り替えタイミングで給与が逆に下がっているとか、命に関わらないようなちょっとした病気とか、そんなきっかけで。エコ減税で新車買いました、借金で。それでガソリン代が上がったなんだで大騒ぎです。火事が起きたら、事故が起きたら、そんなときのためにと今度は保険でも毟り取る。

じゃあ、経済的に安心して新築住宅を買える家って日本人の何%なの？　新車を買うべき家って日本人の何%なの？と考えていったときに、明らかにその層以外のお客を騙してる人たちがいるなって思って、僕からすると彼らもまた貧困を作る人たちです。

阿部　それって、やはりずっと右肩上がりの経済成長を前提としてきた経済政策の問題ですよね。三十五年ローンを組んでもみんな払えると思っていた。三十五年間もずっと職があって、賃金もどんどん上がっていくって本当はすごいことなんですけど、以前は確かにそれで問題がなかった。しかし、そのままではやっぱりダメなわけで、私たちの消費パターンから何から何まで全部変えなければいけない。

ただ、どうかなあ。不動産業者には私もあんまり共感することないけど、新車を売ってる人たちとかまで悪者としていいのかどうか。あの方々は一台一台売って、そのマージン取っているわけですよね。売れなかったらジリ貧ですよね。そこで一所懸命売ろうとするという気持ちは否定できないんですけど。

鈴木　不動産はバブル崩壊以降のほうが悪質でしたけどね。リーマンショック時に大流行りした任意売却業者(注3-1)なんかにサルベージされたローン破綻者なんか、ほとんどバブル以降の被害者ですよ。まあ、末端の人たちは悪くないのはわかります。けどその産業自体どうなの？

と思うわけです。教育産業で言うなら、例えば専門学校や通信の資格教育なんか、相当に悪質だと思いませんか？　資格を売りつける、教育を売りつける。夢と希望を見させて、でもそれがその後の所得につながらない。回収できないお金を投資させる教育産業。僕、国賊級だと思ってるんですけど。

阿部　となると、大学もそれに入ると思います。

鈴木　まさしく。いわゆるFラン大学(注3－2)もずいぶん取材しました。

阿部　奨学金借りてまで大学行かせても、その分を回収できるだけの教育投資にはなりませんもの。

鈴木　そうです。

阿部　奨学金については、無利子だったらいい、給付型だったらいいっていう議論もありますけれど、そもそも、自分のお金でも、国のお金でも、投資しただけの見返りが回収できないのに四年間大学行く意味があるのか、って私はすごく思うんです。でも、それを言うと、貧困者の敵みたいになってしまいます。だって彼らにとっては、大学に行けるという夢があるとないのは大きな違いですから……。

奨学金制度と進路指導の先生

鈴木　じゃ、そこは僕が悪者になります。おかしいんです、奨学金制度。だって、日本人の内で大学教育が必要なのはいったい何%だろう、日本の産業の中で大学教育が必要なのは何%だろうって冷静に考えたら、大学全入時代なんて状況自体、変なんですから。必要がない人たちにそれを押しつけているから、そんな高い進学率になる。単なる押し売りなんです。ところが、子どもの貧困問題が国会の議論の対象になる。そして、対策法ができるっていう、すごく理想的な流れの中で何が台頭したかといったら、教育で儲けようという人たちが、わーっとそこに寄り集まってきた感じがある。

教育については、知の格差という問題もありますよね。知的な人間、知能指数が高い人間が豊かで、知能指数が低い人間は貧しくていいのか。その点では、教育に投資するというのは確かに崇高なことなんですよ。受けたい教育が経済的な事情で受けられないというのは悲劇です。ですけども、それに投資し続けるということは、結局その知の格差というものを広げていくことになる。

「勉強じゃなくて、私に必要なのは就職先です」という子たちがたくさんいるはずなんです。そういう子たちに関しては、できればローティーンのところから適性を判断して、ハイティーンになる頃にはちゃんとそれで生きていけるよ、っていうような適切な就業先へのマッチング作業が必要だと思うんです。

このへんの話になると学校教育に馴染めなかった自分の感情が溢れてきちゃって、結構きついんですけども、例えば高校の進路指導の先生いますよね。「おまえ、こういうのが好きなんだったら、こういう勉強をしてみれば？」とか適当なことを言って、「とりあえず大学で視野を広げることだな」と受験を勧める。あるいは、専門学校を勧める。資格を勧める。実際は、生徒の適性を見極めて、本人の希望や親の経済状況と合わせて進路にアドバイスをするなんて、間違いなくよほどの専門性を持った人じゃないと、やってはならないことです。にもかかわらず、進路指導の現場にいる先生たち、大学卒業後に就労経験ありますか？頭のいい子たちに声を聞くと、むちゃくちゃ馬鹿にされてますよ。「だって進路の先生、中高バイト禁止だったたって。あほくさいわ」って。

確かに高校教員というのは専科制なので、数学だったら数学だけできればいい、国語だったら国語だけやってればいい。そんな人たちが、社会経験なくして教員になり、どうして進路指導ができるんだろう。あの人たちは責任追及されるべきなんです。今の奨学金で地獄を見ている大学卒業生とかに対して、「あなたたちが地獄を選択させたんじゃないんですか」って僕は言いたい。本来進路指導は資格職であるべきだと思う。なんて思っていたら、最近は進路アドバイザーなんて資格がまた資格取得ビジネスになっているらしい。その動きはまあまあ評価できるとしても、やっぱりそこにもビジネスなんだと思うと、なんだかもう真っ暗な気分になるんです。

幼稚園業界と政界

阿部　彼らも進学実績で少子化時代を生き残るという、サバイバルを懸けてやってるんですけどね。今、教育の議論で私がえげつないなと思うのは、幼稚園業界ですね。幼稚園は今、どんどん子どもが少なくなってきてるし、保育所のほうに流れていることもあって、ものすごい経営難なんですよ。そこになんとか公的なお金を注ぎ込もうとして、「就学前の教育が重要です。貧困層の子どもに重要です」と言っている。貧困層の子どもを持つ家庭の現実を知っているのかと思うんですけど、それでもう大勢の国会議員を巻き込んでますよね。

鈴木　ズブズブですね。

阿部　就学前ということだったら、保育所では保育料を貧困層には免除していますから、必要なのは、保育所の待機児童解消と、民間の保育所なども含め、保育の質の保証の仕組みだと思っています。だけどそうならないのは教育業界と政権の癒着の結果では。

幼稚園業界を敵に回すと怖いですけど、おかしいなあと思いますよ。でも、大学にも同じところがあって、一九九〇年以降、専門学校なども含めた高等教育の進学率はすごく上がってきました。一方では子どもの数が減ってきていて、また、高卒ではまったくいい職が得られなくなったというプッシュ要因もあり、選ばなければ大学に誰でも入れるようになりました。専門学校もあの手この手で、「こういった資格は手に職が付きます」といった、ちょっと眉唾なこともやるようになり、えげつない事態が出現している。根本的なところでは、高等教育機関の経営難があるからなんですけどね。でも、問題のしわ寄せがくるのは、やっぱりお客さん。その教育を受けたからといって、鈴木さんのおっしゃる通り、それでいい仕事に就けるという保証はどこにもありませんからね。

鈴木　そうなんです。

阿部　コンテンツ自体を変えなきゃいけないんですよ。高等教育が重要だというのはそうなんですけれども、いわゆる教養の座学だけをやっていても、雇われ得る能力が上がるわけじゃないんですよね。なので、教育が何のために何を教えるか、もっとリアルに考えなきゃいけないんです。

鈴木　そうなんですよ。学力を上げると国際競争力が上がる、という富国強兵の頃から変わらない理屈が根底に通ってるんです。確かに、明治の農村の子や女性に教育を、っていう運動はすごく崇高なものだったと思います。生まれた環境によって教育の自由が得られないという悲劇は、もう二度とあってはならない。ですけど、それと教育という強制支出、強制消費の押し売りで市民の経済的体力を削り取るのはまったく別物であって、教育産業だけが暴走しているような現状には歯止めが必要だなというふうに感じますね。

発達支援やコミュニケーション能力向上プログラムが必要

阿部　結局、親も本人も教育じゃないものの選択肢が何もないわけなんですよね。それ以外に道がないから、そっちに行っちゃっている。勉強が嫌いな子でも大学院に行ったりしていますから。貧困問題の根本は労働問題だと思いますけどね。労働市場をなんとかしなければいけない。

鈴木　根本は労働問題？

阿部　ええ、本丸は労働問題。これは子どもの親という話じゃなくて、子ども本人の労働問題です。つまり、労働市場にて、「○○大学卒」というラベルだけが重要視されている状態では、高等教育にしか活路が見いだせない。

鈴木　今の教育と労働、教育と就業というものが、明らかに乖離《かいり》している感じがしますよね。アカデミズムを否定するわけじゃないんですけども、やっぱり精査しなきゃいけない。あと、先ほどから言っている適性判断と進路相談は、本当だったら中学校から始めるべきだと僕は思うんです。なぜかというと、中学生ってまだ発達の途上ですよね。教育以外に、勉学というもの以外に、その子たちの適性を伸ばす発達支援というものがあると思うんです。

例えば、昔、しゃべり方教室ってあったじゃないですか。大きな産業でしたよね。赤面を治しましょうみたいな。要するに成人後の発達支援だったと思うんですけども、あれがなぜ中学教育にないのか。人とコミュニケーションをしていく能力とか、人と交渉していく、説明する言語能力とか、そういった力は、おそらく高等教育で身につけるものではないですよね。「東大生の半分はコミュ障」ってとんでもないことを誰かが言ってましたけど、確かに突出した勉学の力と、世の中で就業して円滑にやっていく能力はまったく別物です。産業構造がサービスや対人業中心になっている現代では、後者の力を伸ばすっていうことが、教育から抜けている部分だと思います。

もう一つ言いたいのは、家庭が崩壊していたり、家庭環境が悪かったりという中で、正常な発達をしている人間はとても少ないということです。家族の中で会話がない子が、言葉をすくすく発達させられるはずがないし、言葉の代わりに暴力があるような家庭の子が言語的な交渉コミュニケーション能力を伸ばせるはずがない。

子どもの発達、成長は、すごく環境によって左右されるので、中学生ぐらいだともうバラバラで当たり前だと思うんですよね。今それを発達障害的な枠組みに押し込めて、診断名が付けばやれ早期介入だやれ療育だと、またビジネスに使われてるという流れがある。

結局、彼らに必要なのはノーマライゼーション、社会で生きていく上での普遍の能力を持つということで、それを伸ばす支援が中等教育までに欠かせないと思うんです。

これ、先生のおっしゃる労働問題にも確実に絡んでくると思うんです。労働力になるための教育というのは、じゃあ、何％の子どもたちにやってるんですかって言ったときに、ほとんど何もしていないというのが現実じゃないですか。

阿部　そうですね。

鈴木　なんか怖い対談になってきましたね、これ。

他人と会話するのが苦手な子が労働市場から弾き出されていいのか

阿部　鈴木さんのおっしゃることはすごくわかります。でも一方で、ここ最近はコミュニケーション能力やグループで一緒に作業する能力といったものを、初等教育の段階から重視するようになってきていて、大学でもその存在は結構大きいんです。いわゆるアクティブラーニングとか、そういう教育に力を入れるようになってきてるんですよね。グループで作業したり、プレゼンテーションで人前で発表するとか、学生同士の討論だとか、とにかく、他人との対話が重視されて、昔みたいに、ただ先生の話を聞いて覚えればいいっていう教育から離れろというプレッシャーがすごく強くなってきています。

でも、そうした教育の中で「良い学生」とされるのが、見た目が爽やかではきはきと物怖じせず話をすることができる若者みたいなことになりがちで、どうかなと思うところも多いんです。「そんな若者に育て上げるために小学校から訓練しましょう」みたいな状況になりつつある。換言すれば、そういった人じゃないと受け入れてもらえない労働市場になってしまっている。私は、そちらのほうの問題提起もしたいんですよね。

ちょっと人としゃべるのが苦手だったり、人と同じようにグループ活動するのが苦手だったりとか、朝起きることができない子だとか、それでも別にいいじゃないかっていう議論もあるかなと思うんですよ。

鈴木　先生の本『弱者の居場所がない社会』（講談社現代新書）の中にある、「労働市場のユニバーサルデザイン」っていう言葉が僕は泣けて、メチャクチャ必要なことだなと思いました。そう振り返ると、さっき僕が言ったことについては確かにアレですね。そこだけを重視すると、そこに馴染めない子たちを排除することになっちゃう。

大きな話になりますが、僕は日本では、この中に入っていないと普通とは言えませんよという枠が、諸外国に比べるとちっちゃいなとも思うんです。

阿部　ええ、それは感じます。

鈴木　僕、日本に来て働いてるアメリカ人と話していると、彼らが全員コミュ障に見えるんです。みんな軽く発達障害傾向に見える。自己主張が強くて、マウンティングのコミュニケーションしか取れなくて、日本の社会だと圧倒的にまずい特性の人たちが多いなと思うんですけども、当然のことながら、アメリカに行ったら彼らは普通なわけですよね。

それぞれの国によって普通の枠はいろいろだと思うんですけど、日本のものはすごく小さい。その枠に入らないといけないっていうのが、時代が進むほど強くなっていて、今の十代、二十代の子の話を聞いてると、ほんと小さな枠に収まって普通でいるっていうことに必死なんですよね。枠から外れた痛い子になっちゃいけない。痛い子になったらグループから弾かれちゃうというストレスがとても強くある。そんな実情を見るにつけ、先生のおっしゃるユニバーサルデザインという発想に希望を求めたくなるんです。

阿部　子どもの中でもそうなんですね。

鈴木　そうですね。いや、子どもたちほど、今まずい。それはスマホ文化とか、SNS文化というものがすごく悪い方向に作用しちゃってると思うんですけども、とにかく空気読むことが一番大事っていう状況です。なんで最近の子たちはじじい、ばばあみたいなこと言うんだろうという感じ。僕らの世代がおじいちゃん、おばあちゃんに対して感じていた閉塞した息苦しさが、今の子どもたちにはもっと強くあります。とにかく空気を読んで、場を乱さず協調してやっていきましょう、みたいな。

阿部　それは強いですね。私は長い間アメリカにいたので、日本に帰ってきたら、もう叫びたくなるときもありますよね。私も今は普通の日本人の生活をしていますけど、日本って許容範囲が狭いなあと思うときもあります。アメリカだとほんとに人のことを全然考えないで行動する人たちがいっぱいいて、でもそれに文句を言おうなんて思いもしないし、それはそういう人もいるんじゃないみたいな感じでやっていけるし、よく言えば、受け入れられている。

いや、ほんとに私は、電車に乗るときから頭に来るんですよね。車内での座り方とか、すごく厳しいじゃないですか。日本だと足を組んで座ってはいけないし、ものを食べてはいけないし、携帯電話で話してもいけない。やっちゃいけませんということだらけで、挙句の果てには、どこ行っても「走らないでください」とか「ゆっくりお入りください」とか、アナウンスがいろいろ注意しますよね。時々、うわー、うるさい、いいじゃないかそんな細かいことは、と感じるんですよ。

一度、エレベーターに駆け込んだら、エレベーターに「急な乗車はおやめください」ってアナウンスされて、「機械にまで、注意されたくないわ！」と叫んでしまったことあります。

鈴木　なるほど、日本は公共空間からしてユニバーサルじゃないんだ。
周りの人たちから驚かれましたけど。

阿部　行儀よくきれいに、他の人の迷惑にならないように、っていう気遣いが過剰にありますよね。

鈴木　ユニバーサルじゃないデザインって何って言えばいいんですかね。逆行ですよね。

阿部　逆行は何ていうんですかね。アンユニバーサルとは言わないし。

鈴木　仮にアンユニバーサルだとして、アンユニバーサルな社会であるということが、どんどん社会的に排除されている若者たちにも共通する問題ですね。受け皿側の問題というのがすごく大きいと感じてます。

そして、受け皿が違う方向に進化してしまっていて、居酒屋甲子園(注3-3)的なところ、自己啓発めいたところで、すごくキラキラしたものを見せて、劣悪な労働環境でも夢を持とうみたいな話になってきている。それにお上の人たちも乗っかっている。

阿部　それはどういった意味で？　もうちょっと説明していただけますか。私はそこらへんのことをよく知らないんです。

劣悪な労働条件でも働けるようなマインドづくり

鈴木　例えば、介護職に若者たちをいっぱい入れていかないと政策的にまずい。失職してる低所得の人たちも介護職のほうに持っていこう、という考えもある。そんな中で、うまく現場で音頭を取っている経営者たちは、キミたちの仕事は立派な社会貢献なんだということを夢のように見せていくんです。福祉系の大学に現れる介護事業者のセミナーなんて、「夢、希望、役割、生きがい」みたいな文脈の垂れ流しです。言ったらそうした大学の高校生向けパンフも同じですよね。キラッキラです。まあ、介護に関してはかなり使い捨てな感じですけど、営業職とか販売職に、深くセミナー産業が食い込んでいるじゃないですか。新人研修にアドラー系(注3-4)のセミナーが入ってて、「劣等感を持っている君らは巨大な原動力を抱えた、選ばれた人材だ！　明るい未来は仲間とともに作れ！」なんてほとんど洗脳みたいなキラキラ研修を受けてゲンナリって子が結構いますよ。それが結構劣悪な労働条件でも働けるようなマインドづくりにつながってるんですが、それってやっぱりすごく政策決定側とつるんでいるような感じがします。

居酒屋など飲食チェーンでもそういうところがありますね。大声出して、燃え尽きるまで一所懸命に働くことが尊いという価値観を埋めこんでいく。人手不足の業界で、労働力を確保するために、かなり怪しい音頭取りをしている経営者が結構いるぞ、という話です。

阿部　介護職でもそうなんですか。

鈴木　はい、そうです。安月給だったり、重労働だったりで、採用が難しい職種にはあちこちでそんな感じがあります。

少し外れますが、振り込め詐欺組織の中で新人研修が行われていた時代が長かったんですが、その研修ですらそうでした。夢を見させるっていうか、夢を見させるというよりは、あれは「敵を見せる」セミナーが新人教育の中で充実していました。

僕の本（『老人喰い』ちくま新書）に書いたんですけども、振り込め詐欺の現場の子たちを高齢者が憎いと思わせるようにするために、いろんな手管で洗脳していくんです。すごく有名な会員制のゴルフ場の見学に行かせるなんてことまでします。そこに集まっている人たちの年齢層や乗ってるクルマを見せて、「この人たちには僕らはどんなに頑張ってもなれない。表の産業ではどうなってもここまでは上がれない。では、なんで彼らはこんなにお金持ちなんだろう」っていうことを丹念に説明するんですね。で、時代の中でずっと高齢者がお金を持ってきた。富裕層が存在したと言って、「今の君たちはただ働いているだけでは時代的にあそこには上れない。上るための手段として彼らを食い物にしよう」と正当化していくんです。詐欺をできる人材をつくる洗脳です。

自分たちの仕事のやりがいを発表し合ってみんなで感動するみたいな、○○甲子園キーワードでＹｏｕＴｕｂｅの動画を検索すると、こんなにも若者の洗脳が進行してるんだって、かなり具合悪くなれますよ。

阿部　でも、それ嘘のキラキラですよね。

鈴木　そうです。

阿部　ほんとのキラキラって、あるのかな。そこはどうなんでしょうね。

鈴木　ほんとのキラキラ?

阿部　私なんかの世代だと、バブル期の就職活動でいろんな企業が焼肉屋さんに連れてってくれたりとかして、そのノリに乗った若者がたくさんいたわけですよ。それが良かったか悪かったかはわからないですけど、あの時代のあれも嘘のキラキラじゃないですか。キラキラで釣った先は、二十四時間戦えますか的な職場だったりするわけですから。

当時に比べて、今の若者は確かに絶望感を抱いているようなところはあると思うんですけども、一方で、一部の若者は自分たちの価値観を持ってNPOを始めたりとか、会社人間になることから脱出してマイペースに生きていこうとか、いろんな生き方が出てきているかなという気もするんです。そこらへんはどうですか。私のところに来る若者は、そういった人が結構多いんですよね。

鈴木　そうですね。最近少し認識が変わってきましたが、今の若い子のマジョリティは、二二ページで指摘したように、「こんな時代がずっと続くから」という前提で、仕事は最低限安定してればいいから日常生活のほうを充実させたいという、やたらこぢんまりとした前向き派です。絶望感を抱えて偽のキラキラに引きつけられていくのは、どっちかっていうと少しずれていたり、ルサンチマンを抱えた子たちのほうが多いですよね。じゃあ、ほんとのキラキラって何だろうって考えると、ハロウィンにはちゃんと渋谷に行けるような子たちのほうが、よくわかってる。それはおそらく地味にＱＯＬ（Quality of Life）が安定していることだと思うんです。

阿部　それって、正社員の職なんですか。正社員の仕事でどっかの企業に勤めるしかないっていうことなんですかね。今、それ以外の安定した幸福の道が示せてないですよね。この社会にないですよね。

鈴木　いや、たぶん今の賢い若い子が考えてるそれは、地方公務員と医療関連職でしょうね。「国家公務員と医者」じゃないところがポイントです。あくまで地方、あくまで関連職。

阿部　でも、その道をみんなが目指すから、ますます苦しくなっちゃうわけじゃないですか。みんなその椅子取りゲームに参加するために、一所懸命に教育を受けて、借金して大学に行って、ってなっちゃってますよね。ならば、もう椅子取りゲームはやめた、ってなったときに、他の道はいったい何なんだろうと考えるとこれが非常に……。

鈴木　やっぱり行き着くところは労働問題なんですね。

阿部　どうなんだろうか。

自分に合った仕事とは

鈴木　労働によって得られるＱＯＬはその人によって違います。何の労働をすると高いＱＯＬを得られるのかは人それぞれですけれども、今はコミュ力高く、みんなの空気読んで、皆でわっしょいわっしょい頑張ろうみたいなところをキラキラ見せている。そうじゃない子たちに対する就労のマッチングというものはないですね、おそらく。

これだけ社会が多様化していて、いろんな職種があるにもかかわらず、例えば大学卒業生が自分探しじゃないですけども、自分が何の仕事に向いてるのか、きちんと専門的に適性判断してくれる人はいない。それで人手が欲しいところ、足りないところに労働を集約していくと、結局、今までの将来を見ない労働力の搾取と変わらなくなってしまう。だから、まず、適性判断で道を示す人たちが必要なんじゃないのかなっていうふうに思います。

阿部　でも、その適性というものは、十八歳やそこらではわからないのかもしれない。専門家が「あなたはこの仕事が向いている」と弾き出して、それが五〇％でも正しい率を出すことはできないのかもしれないですよね。

自分に合った仕事っていうものは、これもやってみたけど、こっちもやってみた、これもダメだったけど、こっちもやってみたら向いている気がしてきた、っていうふうに見つけられればいいんじゃないかな。その過程でＱＯＬがすごく落ちないようにすればいい。今は一つトライして、それダメだったら、もうそれ以上のところは絶対に上がれないっていう仕組みになっているじゃないですか。トライすればトライするほどＱＯＬが下がる。その問題を解決すればいいわけですよね。

鈴木　働きながら適性を探すだけの猶予のある社会ってことですよね。それは納得ですが、もっと早期に適性の方向性ぐらい見ることはできるじゃないですか。例えば中学校ぐらいで人と話すのも目を合わすのも苦手な子が、大人になったらどうしても人と上手に話せないと仕事ができないって絶望していたとして、その絶望を見極めたうえでこんな仕事もある、あんな仕事もあるって可能性を見せてあげるとか、その程度だっていいんです。

自分の話をします。もうおわかりかと思うんですけど、僕は教育っていうものにちょっとルサンチマンを持っていて、ものを書く仕事を目指したのは、ものを書く以外の能力がなかったからなんです。中学生のときに、このまま勉強しても興味のあること以外は何も覚えられないし、このまま就職したら生きていけない、興味のないところには一切脳が機能してくれないから、脳が働いてくれる書くという行為を仕事にしていくしかない、っていうふうにかなり早い段階であきらめちゃったんですね。

ただ、そこから先の道を指し示してくれる人はいなくて、紆余曲折《うよきょくせつ》しながらようやくものを書くことで食べられるようにはなりました。何をやってもダメだっていうのが早いうちに自覚できたから、今の僕は生き残っていると思うんです。ですけども、悩んでいた中学時代のあの頃、「おまえが行く道は、とりあえずこの学校にいることじゃない。大学進学することでもない」っていうふうに指導してくれる人がいたら、どれだけ楽だったかなって思うんですよね。

なおかつ一九七三年生まれの僕は、失敗しても許される時代にまだいたので、ド貧困状態に陥りながらも、再トライするというチャンスが社会にあったんですよね。

阿部　その再トライをするチャンスがなくなったということが問題なのでは。だって、若い人が自分の天職にパッと気づいたり、普通はできないじゃないですか。考え方も変わっていくし、諸事情も変わっていくので、そういったときに再トライできてQOLが下がらない環境ができればいいのかなあとは思うんですけどね。

労働市場改革として再チャレンジの話はかなり前から政府も言っているんですけど、結局できてないんですよね。例えば、いったん高卒で仕事をしてから、三十歳代で大学院に行きなおして、違う専門職に就くとか、ちょっと前に話が出たけど、仕事で精神的にまいってしまったらちょっと休んで、また、違う職でやりなおすとか。そういうことが、生活の質を変えずにできるようになればなって話ですよね。

鈴木　なんとなく大枠ではわかると思うんですよ。このカテゴリーの仕事だったら自分も行けるかな、っていうことが。あと問題は、どんな子も挫折に打ち勝てる力を持っているわけではないし、再挑戦できないほどの挫折もあるということ。むしろ頑張っちゃう子ほど、立ち直れない挫折にまで自分を追い込みますし、「一度や二度の挫折で立ち上がれないほど弱い君が悪い」という新たな自己責任論も裏腹で生まれてきてしまう。だからせめてそんなでかい挫折に直面する前に、本人の適性を大枠でも判断して誘導してあげることは必要だと思うんです。

なんでこんなことを話したのかというと、犯罪の現場で働いてる子や売春しながら生きてる貧困の女の子を取材していると、たまに埋没したすごい才能に出会うんです。「これに誰も気づかなかったのかよ！」と思うと、本当に腹が立つ。

例えば、何も見ないで細密な鉛筆画、訓練もしてないのにデッサンできちゃう子とか、コミュニケーション能力が高くて相手の観察力がすごい子とか。後者なんか、本来だったら貧困に陥らないはずなんですけども、職歴を聞いていくと、まったく自分の資質とミスマッチなことにばかりチャレンジしてるんですよ。

記憶力についてもそうですよね。すごく細かいことまで異様なほど覚えていて、読んだものの内容がすぐに出てくる子がいるわけですよ。そういう子がその能力と全然関係ない販売職の仕事場でいじめられたり、パージされたりしている。ミスマッチな市場に結びついちゃっている悲劇があまりに多い。

阿部　なるほど。そういう、いわゆるテストで高い点とる能力以外を発掘することが教育でできていないんですね。

保育士は誰でもできる仕事だと思われている

鈴木　そんな子たちのことを思い出しながら考えると、今、介護や保育でたくさん人を集めようとしていますよね。あれ、すっごい適性が限られた仕事だと思うんですよ。なので、人が足りないから誰でも欲しいみたいな状況は、悲劇的な結末を招きかねないんじゃないでしょうか。対人支援職ってすごくハイスキルな仕事ですよね。

阿部　人間的に相当できてなきゃね、キレますよね。

鈴木　そうです。介護の人に話を聞くと、「人に愛情を持ちつつ、人をモノとして見る視線というのが必要だ」と言う。相手に愛情を注ぎつつ、こびりついたウンチを取らなきゃいけないという現実があるわけですよね。認知の衰えた高齢者は横暴で暴言や暴力も日常茶飯事ですが、それをいなさなければならない。でも、現場には職業適性が合ってない人がどんどん入ってきていて、それでどうやって成り立ってるのかといったら、介護従事者たちの我慢なわけです。違うところに適性がある人たちが我慢して働いてぎりぎり成り立っているんです。

阿部　介護と保育に関しては、これは、語弊もあるかと思いますけど、多くの場合、男性がその政策をつくっていて、誰でもできる仕事だと思ってるんですよね。

鈴木　まったく語弊がないと思いますよ。

阿部　高いスキルが必要な仕事なんだって認められてないところがあると思いますよ。だから、仕事が欲しいという人に、誰でもいいからやらせればいいじゃん、低賃金だっていいじゃん、となる。保育士の仕事も、学校の先生よりスキルが必要だと思うんですけど、まったく理解されていなくて、近所の主婦を保育ママとして活用しようみたいな話になってくるんですよね。

官僚に責任転嫁したくない

阿部　少し話が変わりますけど、鈴木さんは「官製の貧困」という言葉を使われますよね。この対談でも、新築住宅の購入を煽り、巨額のローンを抱え、ぎりぎりの生活を強いられている人々が大勢いて、貧困に陥る層も出てくることについて、それは「官製の貧困」だと批判されました。新築住宅の問題に関しては同感なのですが、はたしてそれを「官」の問題と捉えていいものか。私はちょっと気になるんです。

鈴木　どういうことでしょうか。すごくお聞きしたいです。

阿部　私自身は官製の貧困という実感はまったくないです。私が厚労省に近いところで長く働いていたというのもあるんですけれど、内部の人たちがどういう思いでやってるのかというのはすごくよく知っているわけです。鈴木さんも安易な悪者探し論はしたくないと思ってらっしゃるはずですが、その悪者探し論の典型に「公務員が悪い」があるじゃないですか。公務員がちゃんと仕事をしないからだ、公務員が無駄遣いをしているからだという批判がずっとありますよね。

そういう議論に落ちていってしまうと、そこで思考がストップしてしまう。私は、今の貧困をつくってるのは社会の一人ひとりだと思うし、有権者一人ひとりの責任だと思うし、消費税が増えるくらいなら貧困対策をしなくてもいいという人だと思うんですよね。

つまり貧困の責任といいますか、その片棒は自分が担いでいるという意識のことです。それがまったくなくて、多くの人にとって公務員とかお国とかいうのは、自分以外の誰かであり、文句をつけていればいいんですよね。政治家もそうです。自分たちが投票して決めた政治家なのに、あいつらが悪いで全部済ませたりする。金持ちが悪いとか、高齢者が悪いとか、も同じです。そういう考えでいる限りは、絶対に前に進まないんじゃないかな。だから「官製の貧困」という言葉にもちょっとひっかかるところがあるんです。

鈴木　なるほど。かなり新鮮なお話です。

阿部　お役人の方々もみんな両腕を縛られてるんですよ、ほんとにお金もなくて。生活保護をカットするときでも真夜中までやってて、財務省からボコボコにされて、かわいそうなくらい一所懸命、それでもなんとか少しでもカットしないように頑張ってる姿を見ました。財務省の人も意地悪でやってるんじゃなくて、巨額の債務の問題で四苦八苦している。彼らはお財布を預かる身なので、当然ですけど、その中身の節約が仕事なわけじゃないですか。なんとか日本の財源、財政をよくしようと思って、彼らも一所懸命なんです。なのに、公務員が悪い、官僚のせいだって、私はとても言えないなと思うんですよ。政策が悪いとかもね。その政策を選んできたのは国民ですからね。なので、私が言いたいのは、責任転嫁したくないなっていう、それだけのことなんです。

鈴木 新鮮です。私に届かない声ですね。伺っていてどうしても思っちゃうのは、御著書にもありました、社会の階層のアッパークラスの人たちほど選挙の投票率が高く、意見が通りやすく、それが優先的に政策となっていくというお話です。

阿部 マタイ効果(注3-5)というやつですね。

鈴木 はい、マタイ効果。じゃあ、それに対して抗《あらが》ってきたのかっていうと、抗ってない人たちみんなの責任であるのは確かだと思うんです。選挙権というものを持っているのだから、例えば子どもの貧困を放置しない社会にしたいんだったら、単に有権者の半分以上が子どもの貧困を放置しないと言っている人に投票すればいいはずなんですよね。ところが、その程度のこともできていない。僕はやっぱり自己責任論が嫌いなんですけども、それは当事者についてであって、貧困の問題はみんなの責任というのは、納得せざるを得ない。

阿部 ですよね。それで必要なのは財源ですから、貧困はなくさなきゃいけないけど自分のお財布からは一文も出しません、っていうんじゃダメなんですよね。日本の今の財政状況では、どっかをカットしなきゃいけないいんで、そのためには自分も負担しますよっていうことを言わなきゃいけない。自分の生活は守りつつ、貧困者のことをなんとかしたい、他の人のお金で、と言っても、それは無理なお話なんです。

高齢者がシルバーボーティング（高齢層が高齢層に有利な政策を掲げる政治家に投票すること）するのもまったく同じことで、自分たちの生活は守ったままで、年金はキープしたいと。他の人もみんなそうやっていますよね。自分のところだけは守るようにすると。

鈴木　確かに財源と国民負担の問題は、貧困の当事者支援の現場でも、あまり語られることがないです。

阿部　それじゃあ、貧困問題は解決できないなあと思うんですよね。

かつて開拓や炭鉱に動員された貧困層の子孫が、やはり貧困層となっている

鈴木　財源にかかる問題は大きなテーマなので、のちほど（第七章）じっくり話しましょう。ただ一つ付け加えたいのは、僕が「官製」と言うのは、日本近現代史ぐらいのスケールでの話なんです。

これまでの日本の貧困対策は、単に産業と雇用対策だったわけじゃないですか。明治以降は、まず教育に投資する。それで技術や産業の力を上げる。で、対外競争力をつける。富国強兵論からずっと続いているやり方ですよね。確かに西欧列強を前に遅れていた日本が侵略されない国になるために、必要だった。けれども、そういう教育の機会を逸した人たちをどうしていたかというと、その都度その都度、新しくできた産業に労働力として彼らを送り込んできたわけです。

それはもうずうっと続いてきた話で、紡績だとか、炭鉱だとか、あと北海道の開拓、満州の開拓、果てはブラジルへの移民だとか、そういういろいろな人を必要とする大きな産業や政策が始まるときに、貧しい階層を大勢連れてきて人材とした。で、その産業が終わったときに何のケアをしたんですかっていうと、疑問に思うわけです。取材を進めていくと、終わった産業に労働力を搾取された人たちの三世、四世が、今の若者の貧困者の中にたくさんいるなと感じていて。

阿部　それで?

鈴木　僕が悪い子たちを取材しますよね。そうすると地方出身のグループって結構あるんです。その子らの生い立ちを聞いたときに、「知らなかった!」というエリアが、毎度のように出てくるんです。

　例えば女の子だとすると、おばあちゃんが売春してた、お母さんも売春してる。で、本人もお母さんも売春したお金を家に入れている、といったケース。それがみんな特定の地方のエリアの子だったりする。

　あとは、振り込め詐欺のグループの子たち。その子らはかなり所得の上の人たち、特に高齢者に対して猛烈なルサンチマンを抱えてるんですけども、本人たちの親の世代、祖父母の世代のことを聞くと、「おじいちゃん山賊だった」とか、なんだそりゃって話が飛び出してくる。親子三代密漁やってきた、とかもありますね。で、いろいろ聞いてみたら、おばあちゃんが戦災孤児だという。村の老人がみんな戦災孤児とか、その子の出身地にはそんな話が普通にあるという。なんだかこう、都市伝説みたいなレベルの貧しさが日本のあちこちにあって、その背景には国策で動かされてその後のケアを受けていない人たちが、明確に存在する。

阿部　それは私も知りませんでした。

鈴木　エリアが限定されるんで、これ以上は細かく話しづらいんですが、地方の一部のエリアでは、ちょっと想像がつかないような貧困が連綿と続いているんです。そのへんの子たちのルーツを聞いていくと、「あ、これは官製四代目の貧困だな」とかね、思っちゃうところがあるんです。沖縄の貧困問題が官製であることには納得する人も少なくないと思いますが、構造は違ってもルーツを探ると、全国に官製貧困地区みたいなものがあるぞと、そう思わざるを得ない。

どうにもならない部分はある

阿部　今もあるんですよね、そういうのがね。ただ、そうした地域についても、相当の予算をつけてはいるんですよね。そのためにかなり国の財政を投入はしています。そのお金が一部の人たちにしか届いてないということはあるかもしれませんけどね。

炭鉱については、閉鎖したあとのフォローをかなりしていたというのは聞いています。炭鉱で正式に雇われていた人たちだけで、炭鉱の周辺産業にいる人たちへのフォローはなかったかもしれませんが、労働組合もあり、一つの炭鉱事業がそっくり次の地域に移って、そこでまた職を与えて継続させていたそうです。

ですので、国も何かをやろうとしていたとは思うんですよ。そのやり方というのが、いろんな公共事業をつくることによって地域にお金を流していき、雇用を創出する、というものだった。それが日本型のやり方だったわけじゃないですか。貧困地域に対しても同じやり方をしてきた。その効果が末端の人々にもきちんと届いていなかった、ということはありえるでしょう。

でも、じゃあ、他にもっといいやり方があったのかなという気もしますよね。そこで貧困対策のための何らかのお金が流れる以上、どうしても政治の問題になるじゃないですか。利権業者がうじょうじょ集まるわけですよね。東北の復興もそうだと思いますけど、たくさんのお金が流れ、国の借金がどんどん増え、それでいったい誰がほんとに太ってるの？という問題は常につきまとう。

しかし、それをうまくやるって、どの程度可能なのか。私はそこがあまり見えないですね。利権業者などが集まらないかたちで、どう地元を潤すことができるのか。結局、地元の人たちからですよね。どんどん土建事業をやってください、って言ってくる。地元の政治家が国にせがむんだけれども、その政治家は地元の人たちが投票して議員になったわけで。

鈴木　ごめんなさい。俺、それは抜けてたわ。そうだ。土建や産業誘致というものは、地元の人たちが望んだことなんだ。単なる官製ではないですね。

阿部　ね。新幹線でも何でも造れって、今でもくり返し地方では言いますよね。

鈴木　そうか。
阿部　なので、やっぱりそういう道を選んできたのは国民なんじゃないかなと思うんですよね、結局のところ。
鈴木　確かに。「官製」という言葉は譲りたくない気もしますが、「政策のせいだけではない」のは認めざるを得ないですね。
阿部　だから今、例えば三位一体改革とかで、なるべく紐を付けないで、その地域でやりましょう、地域でお金の使い道を決めましょうみたいな改革が行われているわけですけど、誤ったチョイスをしてしまったら、それも地元の責任にされちゃうのかなとは思います。
鈴木　まあ、間違いなくそうなりつつありますし、確かに地域の自己責任と言われそうですね。
阿部　でも、これはどうにかなる話なのかな。私は昔、途上国でＯＤＡ（政府開発援助）の仕事をしてたのですけど、結構大きなお金が日本から貧しい国に行っても、結局中央政府のなんとか大臣の出身地にすごく立派な施設を造るのに使われたりしてしまう。対象国の特定地域でこのように使いたいと言ってきた場合も、実際にはそういうドロドロまみれの話になってしまうんです。ああ、もうどうしようもないと思わざるを得なくて。

鈴木　そうなんですよ。一人ひとりの人を救うための出資が、大きくなれば大きくなるほど、まったく別のものになって実現するんですよね。無闇にきれいな道路とか、きれいな道路を造る人たちの財布の厚さとかになる。ただ、それも地域の人たちが望んできた結果だっていう点は、ちょっと無視はできないですね。

町内会と地方議員の権力

阿部　その地域の人も一筋縄ではいかないんですよ。同じ地域内にも階層があって、大きな政治力のある人から、何を言っても何の声も届かない人たちまでいるわけですよね。なので、じゃあ、どうやって支援をすればいいのかっていうところで、私もすごく悩むんです。

どう使うかといった決定権をどんどん下のレベルにまで下ろしていけばいい、という議論もあるんですけどね。地方自治体よりもっと小さなレベルの町内会などのことを指すんですが、実際に私が見聞きしている町内会っていうのは、その地域の一番大きな家の一番有力なおじいちゃんが町内会長で、選挙で選ばれているわけでもなく、すごく排他的で封建的でデモクラシーの欠片もないような組織なんですよ。そんな組織の町内会が地域の人々の役に立つことをうまくやれるのかっていったら疑問ですよね。そこらへんは鈴木さんの感触をお聞きしたいなと思います。

鈴木　無理ですね。僕が今住んでいるところは、首都圏だけど、まあ、かなりの田舎です。三十も後半になってからそこに越してきたんですけども、過疎が進んでいて世帯数が少ないもので、自治会長、つまり町内会長は地域に住む以上いつかは受けなければならない重荷なんです。実際過疎とはいえ、請け負う仕事量は大変なものがあって、しかも自治会の下には行政区分とは別に元々の地域の村落単位の「組」があり、それぞれの組から上がってくる要請事項を会長が取りまとめて、行政に要望を出したりしていくんです。農村ですから道路の保守整備とか崩れた法面《のりめん》の補修とか治水関係とか要望は多岐にわたります。

こうなると圧倒的に強いのが自民党ですよね。自治会の集まりのときに地元の議員さんが挨拶に来るんですが、土木整備関係で要請の後押しをしてくれるのは自民の議員さんですから、むしろ自民以外来ない。ちなみに集落の中にも貧困すれすれの世帯はありますが、そうした世帯は仕事で多忙なので組にも自治会活動にも協力することができず、残念ながら白い眼を向けられているように感じざるを得ない。となるとまあ、間違いなく僕の属する自治会から地域の貧困問題について、聞き取りと動きを期待できる議員に要請が上がることはないでしょうね。それどころか自治会内で、ボランティアで超多忙な業務を請けてくれている自治会長に、追加でいろいろ要請していくのは「空気を読めない」行為でもある。

阿部　そうですね。そうなると、自治会にもろくに協力することができない貧困世帯の要望がくみ上げていかれることはないでしょうね。

鈴木　とにかく地域の要請が出るのは「健全な農家さんから」であって、その要請をきっちり後押しできるのが自民の議員さんなんです。田舎に引っ越して、どうしてこんなに自民以外の議員に集票力がないのかを身をもって理解しましたよ。

阿部　だから自民党が勝ち続けるんですね。

鈴木　そうです。やっぱり自民党の議員を地場から選出していないと、壊れた道が直らないかもしれないっていう。そして、それは地域の包括ではないと思うんです。

というのは、例えば自治会入らない人いるじゃないですか。ウチの集落の話ではないですが、以前取材でこんな話を聞きました。陶芸家の人が窯を造りたいって言って移住してきました。自治会には入りませんって言うと、そこの家に県道から辿り着くまで、その人だけが使う道があるんですけど、地域の人たちが道刈りをしなくなるんです。通常は一年に何回かみんなで道刈りをするんです。台風で倒木が出たら、地域の消防団がチェーンソー持ってきて切る。土木事務所が動くの待っていたらそれこそ孤立世帯になっちゃいますからね。ただし、例えばドロは本人の力だけじゃなんともならないですね。放っておいたら、ドロやら草やらで道が埋もれちゃうケース。自力じゃなんとしても自宅に通じる道が維持できない。だからその陶芸家は、否応なく自治会というか、組に入る選択をしたと。そういう流れがあって、貧困世帯なんかが自治会を抜けると、道がふさがったり、敷地に不法投棄されたりだとか、本当に見苦しい村八分が起きてしまうわけです。これが田舎暮らしの罠っていわれる話なんですけど、この陶芸家の話は、首都圏の話ですよ。

阿部　強制的ですよね。

鈴木　そうですね。要は、空気読め、っていう話なんです。そうなってくると、地域力も期待できないなとなります。貧困対策以前の問題として。

地域ベースでは、コミュ障の人は救われない

阿部　一部のところでは町内会によそ者を入れてくれないというところもありますよね。

鈴木　ああ、そうですね。

阿部　ある県での市内のほうでは、まず単身者だと怪しまれる、と。夫婦で子どもがあればいいのですが、単身者だと町内会の回覧板が飛ばされる。ですので地域の蚊帳《かや》の外みたいな

状態になってしまう。

昔ある県で人と人とのつながりの調査をしたのですが、その県に移住してから三十年、四十年経っても、地元出身の人に比べたら、人と人との結びつきが弱かったりするんですよ。困ったときに助けてくれる人とか、相談相手とかが少ない。私なんかは引っ越しを何度もくり返してきたんで、三十年といったらものすごく長い時間に感じるんですよね。二十年ぐらいしたら地元出身者と変わらないだろうみたいに思っていたんですけど、違うんですよ。そういう構造がある以上、地域ベースといったときに、その地域にはいったい誰がいるのよ？って話になっちゃうんですよね。

鈴木　難しい話です。ちなみに農村だと三世代続いてないと新参です。

阿部　でも、実際は日本人のほとんどが、十年間に一回は移動しているんですよ。日本人ってものすごく動いているんです。国立社会保障・人口問題研究所の調査でみると、五年前と住居が異なる人は人口の二二%もいる。ほかの都道府県に限っても五%です。生まれた都道府県と違う都道府県に住んでいる人は全人口の三割ですよ。そういったときの地元っていったいどこよ?と思うんで、福祉にせよ教育にせよ地域ベースで云々《うんぬん》という議論が懐疑的に見えてしまうところがありますよね。

鈴木　そもそも地域ベースって、コミュ障の人はダメなんですよね。コミュニケーションに問題がある人はコミュニティベースでは救われない。しかもコミュニケーションスキルに難があるのは貧困当事者の共通点じゃないですか。

阿部　そうなんですよね。

鈴木　僕、今の田舎に越すときに、お世話になった不動産屋さんから「自治会長の前に組長に挨拶に行け」って言われたんです。区の下の自治会のそのまた下の組長にまず挨拶に行って、そのあと自治会長に組長から話を通してもらって、あとはやっぱり集まりにちゃんと顔を出すということと、まだ四十代なら消防団活動をやりなさいというのがあって。

阿部　ああ、ご著書の『脳が壊れた』（新潮新書）にも書いてありましたね、消防団のお話。

鈴木　あれも住んでみるとわかりますね。消防署の偉い人が消防団に訓示をくれるとき、「東日本大震災クラスの地震がこの地域で起こったときに、ここには救急車は一台も来れないかもしれません」って言うんですよ。「来ない。人口が過密している市内のほうに回っちゃうんで。だからここらで何かあったときの救急救命は、君らに懸かってるんですよ」と。説得力ありますよね。

でも消防団もなかなか面倒なので、若い世代を入れてくれない世帯もあるんです。そうすると、団員感情としては、災害時にその世帯に何かあって真っ先に救助に向かうのかと言われたら、胸が苦しくなりますよね。言い方を選ばなければ、「義務じゃないから参加しない」という人を救う義理もない。けど、地域活動に手を貸せるというのは少なくとも貧困状態にはないってことで、そういう世帯を排除しますって言ってるのと変わらないんです。そうやって貧困世帯ってコミュニティから排除されていく。ちっちゃい話ですけど立派な社会的排除です。

阿部　社会的排除の一歩ですね。

鈴木　そうです。一歩目ですよね。

男性のいない世帯が支払う「出不足料」

阿部　会合も苦痛でしかないですよね。私もあまり人づきあいが良くないほうですけど、例えば月に一回町内会の人との飲み会があって、座敷に座ってこうやってお酒注いでとか、そういうの大変嫌に思う人いっぱいいますよね。

鈴木　女性は地獄ですよね。

阿部　でも、女性には婦人会があるんですよね。決定するのはすべて男性だけの会合のほうで、婦人会はそこことは分かれている。

鈴木 じゃあ、御飯を作る?

阿部 御飯作って出す。宴会は男の人たちとは別のところでやる、と。

鈴木 男性の宴会は、お酒で潰し合いになっちゃうんで、辛い。楽し辛いという感じ。

阿部 コミュニティには、どこでも多かれ少なかれそういうところあるじゃないですか。

鈴木 そうですね。コミュニティベースでっていう言葉、いよいよ簡単には使えないですよね。

阿部 もうちょっと前になりますが、ある地域についてびっくりしたのは、田舎の町内会では草刈りをやりますよね。一家から一人出さなきゃいけないじゃないですか。そこでは、家の中に男性がいない世帯だと、労働力が出不足だっていうことでお金払わなきゃいけないんですよ。しかも、女性一人分の一日の労働力は男性のそれより足りないから、女性は出た上に一〇〇〇円払わなきゃいけないと決まっている。こんなのが許されるのかと私ほんとに思いましたけど、そういうのが昔からのやり方なんですよね。

鈴木 その感覚、田舎に住んでいる僕は腑に落ちちゃうわけですよ。先ほどの消防団の「助けたくない」の発言も、実際に僕が友人に向かって愚痴として言って、「それは鈴木君がいつも言っている弱者の排除と同じ力学じゃないか」って言われて気づいたんです。でもやっぱり、その排除側の気持ちもわかってしまう。例えば、「あなたのところの前の道はみんなで維持してるでしょ。そこを掃除するのは、自治会でやらなかったら、区に頼まなきゃいけない。そうしたらいつ来るかわからないし、自治会でやらなかったら床上浸水しちゃうかもしれないよ」という具合です。すべてを行政がやるんじゃなくて、ある程度は地元の人間たちがやらなきゃいけないっていうふうなエリアだと、そういう労働力の供出がどうしても義務化していきますよね。

阿部　でも、そこには弱者に対する目がなくて、平等が原則なんですよね。

鈴木　そうです。公的扶助も「義務を果たしたものがもらえる」の感覚です。

阿部　ＰＴＡでも、母子世帯のおうちでお母さんが働きづめだとして、明らかにその家には労働力がないんだってわかっていても、平等原理で扱うんですよ。ＰＴＡの会合や学校行事なども、みんな平等が大前提の正義として掲げられている。昔はある程度、平等社会だったかもしれませんけど、明らかに格差がある中で、それを「平等」って呼んでいいのかなって思うんです。

鈴木　平等じゃないですね。首都圏の農村でも、貧困になって家を手放して出ていっちゃう人がいるわけです。何代も続いた農家だとしても、田畑を維持できなくなって出ていっちゃうんですね。そういう人たちは、まずはやっぱり自治会から外れ、組から外れ、なかなか姿が見えなくなり、誰の声もかからない中で家が競売にかけられる。そういう感じなんです。社会的排除って段階的に行われていくものです。やっぱりコミュニティベースの互助社会というのには一〇〇%の期待はできないですね。

阿部　なのに、すごくそれが美化されてるじゃないですか。

鈴木　されてます。

阿部　絆《きずな》だとかコミュニティだとか地域力だとか。すごく違和感を覚えますよね。貧困層で一番支援が必要な人たちは、そういったところに一番入りづらく、排除されるんですよ。

鈴木　そうですね。その貧困の当事者は、コミュニティベースからはすでに抜け落ちてしまっている。不可視の先なわけです。だからこそ、孤立した当事者は一層「困」の部分を悪化させていくという、そういう構図を無視して語られる地域力論には、正直何の説得力も感じませんね。

（注3－1）**任意売却業者**　任意売却とは、住宅ローンの債務者と債権者と第三者が話し合い、合意した価格で市場で売却

することこと。「第三者」を務める業者を任意売却業者と呼ぶ。

（注3－2）**Fラン大学**　Fランク大学の略。大学入試が機能していない大学（希望者全員が入学できる大学）を指す。

（注3－3）**居酒屋甲子園**　二〇〇六年から始まったイベント。エントリーして選抜された居酒屋の店舗が、自店の想いや取り組みを二十分でプレゼンする。「仲間」「夢」といったフレーズを交えて聴衆に熱く訴えかけ、感動を呼ぼうとするものが多い。

（注3－4）**アドラー系**　アドラーは、オーストリアの心理学者アルフレッド・アドラーを指す。人間は、自分の理想とのギャップから生じる劣等感があるからこそ成長できると考えた。

（注3－5）**マタイ効果**　新約聖書の一節「持っている人は与えられて、いよいよ豊かになるが、持ってない人は、持っているものまで取り上げられるであろう」（マタイ福音書一三章一二節）から名付けられた現象。格差は自ら増長する傾向があり、最初の小さい格差が、次の格差を生み出し、次第に大きな〈格差〉に変容する性質を指す。

第四章
メディアと貧困

ウェブメディアはなぜ貧困ネタを好んで掲載するのか

鈴木 数年に一度、なぜだか周期的に生活保護バッシングというのが起こりますよね。

阿部 「生活保護を受けているのにパチンコ通いなど断じて許せない」「一所懸命働いている人よりも生活保護をもらっている人のほうが収入が多いって間違っている」「自分に何らかの落ち度があって貧しくなったものを税金で助けるというのはいかがなものか」などなどの批判の盛り上がりですよね。

鈴木 はい、もう絶望的に理解のない言いっぱなしが許されているわけですが、あれってメディアの報道がきっかけになることが多いじゃないですか。なぜメディアは貧困者に対する攻撃に配慮のない報道をするのか。それは、生活保護や社会保障に関するような議論が国会でなされる直前に必ずメディアから出てくるものだ、という話を貧困者支援をしている方々から聞いたことがあるのですが、そういうメディアと政策の連携って本当にあるんでしょうか。要するにその報道は社会保障費削減への後方射撃じゃないかという論です。

阿部 それは若干陰謀論ではないでしょうか。メディアで取り上げられたから、はじめて、国会での議論になるというのが本当のところじゃないでしょうか。いったいどうしてメディアがそういう報道をするのかはよくわからないんですけど、基本的には今それが受けるから出すという理屈でやっているんじゃないですか。当たり前の話ですが、メディアが生活保護バッシングするのは、視聴者が生活保護バッシングのニュースを聞きたいからですよね。きっとみんな「やっぱりそうだったのか」と思ってエキサイトするからですよね。
だけど、そもそも、なんで視聴者が生活保護や貧困バッシングを好きなのかって、そこがわからないです。そこらへんについては、若者との接点の多い鈴木さんはよくご存知でしょうか。

鈴木　若者でいうと、いわゆる稼いでいるセックスワーカーさんとか、地方のマイルドヤンキーさんたちは、結構生活保護バッシングが好きですよね。その理由は、バッシングすることによって、頑張っている自分たちがそこに落ちていないことを肯定できるから。自己肯定できるネタなんですよね。
「すごく辛いよね」という気持ちはみんな共有している世代だと思うんですけど、「自分たちは辛い中で頑張っている」という思いを共感し合うという世代でもあるので、頑張っていないように見える人たちをバッシングすることが精神安定要素になるわけです。それをメディアもわかって消費させているような印象はありますよね。

阿部　なるほど、そういうことですね。

鈴木　「だって私たち頑張ってんだもん」という話をしたときに、ちょっと気持ちいいわけですよ。そして、特にウェブメディアで、その気持ちよさに迎合する記事づくりが加速しています。

ウェブメディアはＰＶ最優先。バズる（拡散されて話題になる）と売上がドーンと上がるっていうのは、広告で稼いでいるウェブメディア独特のシステムなんですよね。だから売上的には、掲載記事はバズらないといけないんですよ。貧困問題に対してすごく無理解な記事もバズるし、逆に貧困バッシングを非難する記事もバズる。両極ですね。

それともう一つ、貧困コンテンツには確実に人を惹きつける要素があることも、無視できないです。それが、コンテンツ消費者の「不安感と安心感」を両方くすぐるということ。テレビ番組の『本当は怖い家庭の医学』と同じような構造と言えばわかりやすい。貧困者が貧困に陥った経緯をメディアに載せると、「自分たちは大丈夫なのか知りたい」と思う人も消費するし、「自分たちはまだ大丈夫だ」と安心したい人も消費する。

この、「あなたは大丈夫ですか」「チェックしてみましょう」「チェックの結果、あなたは大丈夫ですよ」と訴えかけるコンテンツって、すごく消費されるんです。

阿部　不安を売っているってこと？

鈴木　そうです。まさに不安が商品。

阿部　不安に対する解答を示してもらえる、という感じなんですかね？　本当の解答じゃないんですけど。

鈴木　解答は商品ではないですね。なぜならコンテンツの消費者として想定されているのは、貧困の当事者でも、さほどリスクが高い人たちでもなくて、少し不安だなって程度の人たち、つまり日本のマジョリティなので。結局そういうコンテンツがすごく消費されやすいので、貧困の当事者を安易に出してしまうという傾向はありますよね。もうちょっと耐えられないんですけど、テレビで生活保護を受けている人の冷蔵庫の中に一〇〇〇円のお肉がありました、というシーンが放映されて、じゃあうちは一〇〇〇円のお肉を買うほど経済感覚ずれてないから大丈夫ね、あんなお肉買ってたらそりゃ生活困窮するわよ、みたいな。そういうところで安心するような消費のさせられ方をしてしまっているわけですよね。コンビニに置かれている、廉価版のコミックにも、貧困の当事者ネタがすごく出るようになりました。

貧困をあざ笑うコンテンツにする部分もあるし、「自分は大丈夫なのか」という確認コンテンツでもあるし、「自分は大丈夫だ」という安心コンテンツでもある。あらゆる意味で、高齢者向けの医療番組に非常に近いようなコンテンツなんですよね、貧困って。そういう消費のされ方になっているのが非常に問題だと思うんです。

阿部　ただ、鈴木さんもネットは選択的メディアとおっしゃっていましたが、例えばインターネット上で貧困バッシングの記事を読む人は、そもそも貧困バッシングに共感的な傾向を持っている人たちなんですね。ですので、ネット記事を読んだ人がますます過激化することはあるんですが、そもそも貧困バッシングに共感的でない人が、自分の意見を変えるほどの影響力はないと言われています。ですが、テレビのお笑い番組などで何気なく飛び込んでくる芸能人の意見などに感化されてしまうというのはあり得ることです。

鈴木　確かに、そういう意味で、テレビメディアのコンテンツ作りは、本当に配慮が必要です。

阿部　新聞もカラーがあるので、読者はすでに自分が共感できる新聞を選んでいるわけですから、新聞で意見が変わることはあまりないんですね。でも、テレビでは貧困のことなんか全然気にもかけていない層が、芸能人の「貧困は自業自得だ」なんていう言葉に「そうなんだ」と思ってしまう。

新聞記者の限界

阿部　貧困に共感的な報道ももどかしい。少し前から、子ども食堂や学習支援などについての記事がわんさかと出ています。それまでは「貧困が大変でーす」というだけの報道だったのが、今は「こんなことができます」となったわけなので、一歩先には進んだんですよね。ですけど、中身はというと、陳腐な議論しかしないんですね。「どこどこのなんとかさんが自宅を開放して三人の子どもたちに御飯をあげています。子どもたちはいっぱい食べられてよかったと言ってます」といった程度の話しか書いていない。

その子たちの親はどういったところで働いていて、なぜ一人の労働者がちゃんと働いてるのに自分の子どもを満足に食べさせられないんだろうか、という議論がまったくありません。学校がないときは給食がなくて困るだろうから、長期休みの期間にも給食を出せるようにできないものかとか、そうした議論に進まない。人の善意が三人の子どもを食べさせましたみたいなストーリーで満足している、ということなんです。

鈴木　新聞の記者さんに対して、正直、僕はかなり腹に据えかねてる部分があるんです。一般社会での就業経験もない学校の先生がよく進路指導をできますね、というのと同じで、新聞記者さんは激烈な競争を勝ち抜いてきたハイレベルな人たちなので、貧困の当事者と接点がないし、実態なんか想像もつかないことが多いんです。だから、貧困コンテンツがすごく出るようになってから、僕ら底辺ライターに新聞記者からのアプローチがたくさんあったんですよ、で、何かにつけて「当事者を紹介してください」と言う。

阿部　私のところにも来ます。

鈴木　もううんざりですよね。

阿部　自分たちではどこに行けばいいかわからないんですよね。

鈴木　今はずいぶんマシになりつつある気もしますが、当初は僕も認識が浅くて、自分が取材した当事者を記者さんに紹介したことなんかもあったんですが、あとからその当事者に猛烈にクレームを言われることがたくさんありました。そのままでいいのかと説教を食らったとか、上から目線で酷《ひど》い言われようをされたとか。

それと、そもそも貧困っていうすごく根の深い問題を、新聞記事という枠の中で表現できるのか疑問です。実態をそれなりに伝えようと思ったら、例えば貧困面というのを新聞の中でつくって連載にするとか、かなり深く踏み込んだ調査報道を実施しないと無理だと思います。そこまでやるっていうのは非現実的じゃないですか。

阿部　おっしゃる通りです。

テレビによるコンテンツ消費

鈴木　かたやテレビは視聴率をいくら稼いでナンボのコンテンツなので、そこに社会的な意味なんてあんまり求めないですよね。

阿部　もう娯楽番組ですよね、みんな。

鈴木　娯楽です。

阿部　ニュースも含めて。

鈴木　貧困報道という娯楽コンテンツです。唯一、NHKの「クローズアップ現代」と「ハートネットTV」は頑張っていたと評価できますが、リアルタイムの視聴者が限られていて、番組すべてを見ずに、小さな粗《あら》を探してネットで炎上するのがこれまた定番化していますね。

阿部　でも、「ハートネットTV」などの番組を見ている人は、福祉関係者など、もともとそこで取り上げる問題に関わっている人たちなんですよ。そうでなきゃ見ないですよ。

鈴木　確かにそうです。「クローズアップ現代＋」なら一定の成果は出してくれてるとは思いますけども、そんなに長くはない時間枠や、マスメディアに貧困者をのせることによる弊害がどうしてもあると思う。そもそも当事者を映像メディアに出すことも、本来なら相当の配慮が必要な筈《はず》です。本人のメンタルを専門的にケアできるか、発言や背景が差別の助長にならないかなどなど。でもそんな配慮がなされているところはほとんどないように感じています。マスメディアを使った貧困問題の可視化はほんと難しい。

阿部　すごく上っ面な「かわいそうな人がいるね、大変だ」といった次元は過ぎたとしても、「かわいそうな子どもに寄付しました」って程度の話しか伝えていないですよね。「地域の子どもたちが自分たちの古着を提供しました」とか、「ランドセルを児童養護施設の子にあげました」とか、その次元の議論をしている。美しいストーリーなので、まさにコンテンツ消費されている。

「じゃあ、この人たちは、なぜ生活保護を受けられないの？」とか、「児童扶養手当ではどのくらい足りないの？」とか、「このシングルマザーたちの就労状況ってどうなってるの？」といったレベルの疑問さえも出てこない。「そもそもどうしてこの日本において三食御飯を食べられない子どもがいるの？」という疑問が市民の間から出てこない限りは、貧困対策をムーブメント化というか、市民運動として動かしていくというふうにはならないと思うんですよ。

国の政策を動かしていくためには、やはり市民運動のような下からのムーブメントが必要で、でも今の段階では全然そういったところに結びついてない、今の貧困報道が結びつけていない。私はちょっとあきらめ気味です。

大多数の読者、視聴者の「腑に落ちる感」を着地点にしている

鈴木　貧困の当事者報道は訴求力のある消費コンテンツなわけですが、ここでもう一つ疑問が生まれます。なぜ視聴率勝負でないＮＨＫや、内容と部数が直結しない新聞報道でも、上っ面の貧困報道しかできないのか。

僕はそれは、メディアの担当者の専門性の問題なのではないかと思っている。彼らはすぐに「こういう当事者を紹介してください」って言うじゃないですか。それは自分で探す力がないからだけではなく、あらかじめ報道するべきデータとか政策議論とかのニュースがあって、その裏付けとして当事者の顔と声が欲しいって言うんです。でもそれは取材とは言えなくて、ニュースの肉付けですよね。だから上っ面になる。

本来取材とは、あらかじめ企画があったとしても、取材をするうちに設定した結論と違うところに行く可能性をはらんでいて、そこで取材者が視聴者と共に結論を考えていくことこ

そが醍醐味だと思うんです。けれども彼らが求めるのは、用意された結論と、それを裏付ける当事者の一声。大きなメディアほどこの自縄自縛の中にあると感じます。そしてそのあらかじめ設定した結論は、データや政策議論などと同様に、「読者・視聴者が腑に落ちるもの」という場合もある。

阿部　事前にストーリーが用意されているというのは確かだと思いますよ。例えば、それこそ貧困の子どもは母子世帯の子が多いという、そういう思い込みがデスクの人たちの中にあり、その通りに番組をつくってねと現場スタッフに指示し、じゃあ、母子世帯のこんな子を探してきてよとなる。

鈴木　大多数の読者、視聴者の腑に落ちる感というところを着地点にしてる典型ケースですよね。民放だと外部の制作会社に丸投げで、まるで貧困問題のひの字も知らないスタッフからいきなり連絡が来て「こんなところに住んでいてこんな経済状態で顔が出せる当事者を紹介してくれ」とくる。いちいち断るのも血圧が上がりますよ。でも悔しいことに、彼らはどんなコンテンツが視聴者の腑に落ちるのかをよく知ってるんですよ。

阿部　その腑に落ちる感をいったいどこで誰がつくっているのか。

鈴木　それはマーケティングですよね。

阿部　あと、NHKなどには結構、視聴者から電話がかかってきていて、それをすごく気にしているというのもあるようですね。大部分の人は電話かけないわけですから、そういった一部の人の声を気にしなくてもいいのに。

鈴木　そうなんです。かける人はすごく偏ったところにいる人たち、イシューを持ってる人たちなんで、そこに反応しちゃいけないんですけども。

「ぱっと冷蔵庫を開けたときにモノが入っていたら批判が起こる」

阿部　ただ、今の若い人のテレビ依存度がかつてより低下しているのは確かです。

鈴木　テレビは見ないですが、先ほど言ったようにテレビの一部を切り取ってネット上で炎上するというのは、よくあるケースですよね。実際に番組や報道を見た人の「こんな発言があった、こんな描写があった」というツイートとかを共有して拡散して、元の番組を見ていないのに感情的に批判したり炎上するんです。もともと問題含みのものも少なくないマスコミ報道を、さらに曲解したものが大きなイシューを持つようになるという、とても悪い部分がインターネットメディアにはあります。やっぱり新聞の記事でも意訳しないと読めない人は読めないわけです。新聞の記事とか論説というものを曲げて意訳して、一般ウケするポイントだけ説明しているのが、例えば人気ブロガーさんの記事とか、まとめサイトのライターだったりする。

阿部　誰かわからない、いろんな人が書いていますよね。

鈴木　わからないです。まったく専門性がない人間がいい加減なことを言ってもね。でも、彼らは何の専門家でもないけど、「多くの人が腑に落ちる」がどこにあるのかの専門家です。

阿部　主にテレビの話になりますけど、貧困のテーマで、当事者の子どもを安易に映し出すのって、あれはまずいですよね。

鈴木　あれは怒りしか感じない。子どもをメディアに出しちゃいけない。その理由の一つとして、出たがる子は出たがるんですよ。例えば売春してる十代の子たちでも、出たい子は出たい。テレビの制作をしてる人たちの知り合いができれば、そのあともしかしたら何か可能性が開けるかもしれないとか、それこそ「アイドルのオーディションに出れるかも」ぐらいの的外れな期待をするぐらい浅はかな子もいますし。その程度の判断力しかない子どもを出してしまって、その本人がのちに傷つくことのケアは一切ない。貧困関係の取材を受けた風俗勤めの女の子から、記者に「出て話す義務があなたにある」って脅迫めいたＬＩＮＥを送り続けられたと相談を受けたこともあります。これは新聞のケースでしたが、それは報道という名のレイプです。

そして、なにより問題なのは、そこに定型化した現場主義というのがあることです。ニュースの編成が定型化してるんですよ。殺人事件があったら、まずヘリコプターから俯瞰《ふかん》した絵があって、現場近くの人たちがドア越しに話してくれて、スタジオに戻り、パネリストがパネルで見せて、コメンテーターに振るみたいな型が決まっている。

新聞記事だったら五行で済むかもしれない情報をコンテンツとして成立させるために、テレビ番組にはいろいろなものがはさまってくるわけですよね。そこの中の一つに現場の声を取りましょうというものがあって、それをどこにでも当てはめちゃう。貧困の当事者でも、精神疾患の当事者でも、子どもでも何でも現場の声にしちゃう。絵にしちゃう。

阿部　なので、番組をつくる側がどういうふうなことを見せるか、の自覚が問われる。

鈴木　そうですね。

阿部　以前貧困の子どもの食の問題をテーマにした「ＮＨＫスペシャル」に出演したときに、ディレクターの方といろいろお話ししたんですけど、「ぱっと冷蔵庫を開けたときにモノが入っていたら批判が起こる」と。「貧困者の冷蔵庫は空っぽなものだ」という一般感情があるみたいです。

鈴木　それはもう貧困の本質を逆に見てますね。貧困の当事者の冷蔵庫の中には、賞味期限切れのものがいっぱい入ってるのが当たり前なんです。

阿部　なるほど。

鈴木　びっくりですよ。買い物のコントロールができない。必要な食材の量を自分で判断できない。安いものをうまく選んで買うことができない。そういう能力や考える力すら枯渇してしまっている。それが貧困の現実じゃないですか。

阿部　貧困の現実と一般の人が考える貧困の「あるべき姿」の乖離をテレビが超えられない。本当の苦しい部分をちゃんと見せられない。テレビの製作者やディレクターの方も、配慮しているんですけど、貧困の「あるべき姿」が強化されていくんです。

鈴木　間違ったバイアスですね。当事者報道には何らかのバイアスが必要ではあるんですけれども、冷蔵庫の中に傷んでいるものがたくさん入ってる状態はちゃんと見せなきゃいけない。請求書でいっぱいなのに手も付けていないポストを見せなきゃいけない。そのうえで、どうしてそうなってしまうのか、そこから抜け出せないのかを、当事者の苦しさとして伝えなきゃいけない。

阿部　取材している側も、その冷蔵庫の意味がわからないんですよ。鈴木さんみたいに現場を知っている方とよく話をしてないとわからないですよ。

鈴木　ただ、貧困の現場、貧困の当事者をそのまま見せればいいかといえば、それはそんなに簡単な話じゃない。

阿部　そこが難しいですよね。

昔から社会的弱者は、笑いのコンテンツの中に入っていた

鈴木　貧困者って、そうでない者にとっては「見世物」としてのエンターテインメント性があるのかもしれません。で、当事者には、適切に社会の中で行動するための教育や発達の機会を与えられなかった人が多いですよね。そういう人たちの「やらかしちゃってる」ことをそのまま報道する。例えば、生活保護者がパチンコ屋さんに行く姿をそのまま報道するというのは、障害者報道なんかと同じで、ある程度の倫理の上でやらなきゃいけないと思うんです。

知的障害者の当事者を報道するとしますよね。知的障害のある男の子って、電車の中で自慰行為をするかもしれないわけです。じゃあ、自慰行為を映すのかって話です。極端な例ですが、貧困の当事者からは社会的に適切な範疇に自分の行動をコントロールする力が失われ

ている人が多い。その姿をそのまま報道するのは、倫理を逸脱していますよね。
あくまで社会的弱者の立場にある人たちに対しての慮《おもんぱか》りを持ったガイドラインが、必要だと思うんですよね。各メディアに必要です。

阿部　当事者を美化してもいけないですよね。「24時間テレビ」みたいなかたちで障害者をいつも美しいストーリーに仕立て上げることに対して、障害者団体からのすごく強い反発がありますよね。確かに、あの番組は上から目線ですよ、あの慈善活動は。

鈴木　逆にEテレの「バリバラ」が「24時間テレビ」の裏番組で、「笑いは地球を救う」って番組を放送したことがあって、障害の「感動コンテンツ化」に猛烈な皮肉を突っ込みました。コンセプトは、まんまを見せる。一歩も三歩も進んでる感じがしますよね。でもそうか、「バリバラ」だけじゃなくて、コンテンツの上で自主規制は意外とないか。鳥居みゆきって芸人さんいるじゃないですか。メンヘラな女性の言動、挙動をネタにしてた芸人さんなんですけど、あれが規制されるっていうとちょっと過剰な気もするしな。
昔から社会的弱者のおかしさというのは、ずうっと笑いのコンテンツの中に入ってたわけですよね。貧困の子どもだってそう。歯が欠けてて裸足で服のサイズがバラバラで裾や袖が汚れてててって。落語の中では多くの知的障害者がいきいきしてます。

抜けてる感じがみんなに愛されてる、というのをちゃんと描くのが落語ですもんね。寅さんなんかもたぶん発達障害者ですよね。

阿部　ああ、そういえば。きちんとしたお仕事を持ってるふうでもないですし、経済的には貧困者の部類かもしれませんね。

鈴木　そうですね。でも、フィクションとノンフィクションは違う。創作の世界ではいろいろありだし、お笑いの世界でもそうなんですが、ノンフィクションとか報道とかで当事者を出す場合は、かなり意味が違う。

阿部　ぎっしりの冷蔵庫をちゃんと映して、その意味を伝えられるかどうか。

鈴木　その実際は、僕だけじゃなくて、それこそ任意売却とか競売に絡む不動産業者ならみんな知ってますし、便利屋さんでも遺品整理業者でも、当たり前のように知ってる人たちはいるはずなんです。ちゃんと取材をすればそのくらいわかる。

阿部　貧困者の実情を、そうやって、ズバリと指摘できるのは、鈴木さんだけかもしれない。そこは頑張っていただかないと。

鈴木　ああ、それはそうか。はい、頑張ります。

第五章

精神疾患が生み出す貧困

なぜ中高年女性の貧困について書かないのか

鈴木　第一章で、女性の貧困者は若い人ばかりが取り上げられる、それは統計的にも間違っている、っていう阿部先生からのご指摘があったじゃないですか。中高年の貧困女性の存在を無視している、と。

それ、僕もその共犯者だと認めざるを得ないわけですが、じゃあ、なぜ中高年女性の貧困について書かないのかというと、難しいんです。

阿部　難しい？

鈴木　中高年女性の貧困者の取材をしていないわけじゃないいんですけど、はっきり言いますと、中高年女性の貧困者の面倒くささが半端ない。ほんと面倒くさいんですよね。

阿部　どんなふうに？

鈴木　こじらせている。中高年女性の貧困には離別が絡んでいることが多いじゃないですか。それは離婚のダメージが、男性と女性で違うということですね。

シングルマザーでセックスワーカー、しかもシングルマザーになったあとにセックスワーカーになった人の取材をしたときに思ったのは、精神疾患率の高さです。ほぼ全員にＤＶ歴があり、ほぼ全員に精神科通院歴がある。離別がその人に与える経済的な影響のベースに、精神的ダメージの大きさが絶対あると思うんです。精神的にやられて、まともに働こうにも働けなくなる人が多いはずなんですよ。

ただ、僕が記事にするにあたっては、そのような精神状況にあるということが入り口になるんだけれども、エビデンスがない。例えば離別して貧困に陥った女性の精神疾患率、個別のケースの説明にそうしたデータも加えると、おそらく見えてくると思うんですよ。貧困にとっていかに精神疾患が大きな問題かってことが。貧困の議論でも、そこのところがすっぽり抜けちゃっていますよね。同じ状況でも貧困に陥る人と陥らない人の差があるので難しいのかもしれませんが、それは性差とリンクしているかもしれない。差別を恐れて語られない部分もありますよね。そこが数字に出ているかもしれない。

阿部　それはやっぱり離別女性の多くがＤＶの被害者だからというところが大きいと思いますよ。

鈴木　そうですね。過去の被害経験と貧困リスクは、絶対に比例している。

阿部　ただ、暴力の部分ってほんとに記事になっていないですよね。離婚の中での暴力というのはとても大きな問題なんですが、あまり議題にされることがないんですよ。

離婚女性はDVで精神を破壊されている

阿部 母子世帯のお母さんの抑うつ傾向は、ふたり親世帯の母親より高いというデータもあります。

鈴木 貧困に陥っている母子世帯の精神疾患率ですか？

阿部 貧困であっても、なくても、母子世帯の母親の抑うつ傾向は三五％、対して、ふたり親世帯の母親は一六％という調査結果があります。

鈴木 そうなんですか。僕の取材したケースでは、DVを受けた女性の精神疾患率がほぼ一〇〇％なんですよ。取材前はDVをする夫と別れたら、その人はようやく自由を得てハッピーになると思っていました。ところが、そうじゃなくて。

阿部 じゃないのね。

鈴木 実はDVを受けて離婚したら、そのあとの心の病のほうがずっと長く強く続くんですよね。なので、暴力を受けた人間が精神疾患を患って、そのあと続く長い就業困難の時期というものがどのぐらいあるのかって考えた上で、医療的なケアを施す必要があると思うんです。離婚に至ったケースで、その理由にDVがある女性というものは、その段階で貧困の予備層として捕捉できるはずなんですよね。本当はそういうところからちゃんとケアしていかなきゃいけない。

あと、常々思っているのは――精神疾患になった離婚後の女性が精神科なり心療内科なりに行きました。お医者さんが、鬱《うつ》病の診断をしました。女性はその診断書を持って社会福祉事務所に行き、じゃあ、生活保護の手続きをしましょうね、となりました。まあ、自力で行けるケースのほうが少ないと思うのだけど、多くの場合、それではもう手遅れなんです。お医者さんが生活保護の認定ができます、と言った段階でもう遅い。なぜなら、すでに働けない状況になっちゃってるんで。なのでもっと早くに捕捉したほうがいいですよね。

阿部　まったくその通りです。離婚女性の多くはＤＶで相当精神的にまいっているはずだ、という認識が政策側にも足りないんですよ。

それと社会福祉事務所も離婚届を受理する役所も、子どもがいれば児童扶養手当をもらいに役所に行かなきゃいけないんですけれども、そこで傷ついてしまう人も多い。非常に辛い状況にある人たちに対する接し方じゃないんですよ。しかも、毎年、役所に行って現況届を出さなきゃいけない。その精神的負担が考えられていないですよね。

鈴木　考えてないですね。メンタルを病んだ人にとって、手続きごとや交渉ごとや事務作業が何よりも辛いことなのに、それを自力でやらないと扶助が受けられないというのは、拷問です。

そして、そのメンタルの回復を待たずして、働けコールの嵐です。

阿部　スタンスが、働け、働け、ですよね。

鈴木　とても働ける状況じゃないですよね。でも、傍目には働けないふうでもない。歩けるし、五体で動かないところはないし。動かないところは心です。しかし、心が動かないという状態を身体障害と同じように可視化することは難しいわけです。プロが見立てなきゃいけないんですけどね。そういう意味でも、日本の福祉はまだすごく未熟なんでしょうね。

阿部　福祉行政だけじゃなく、社会全体で精神疾患に関する認識はかなり遅れているのではないでしょうか。

貧困問題と精神科医療の未発達には深い関連性がある

鈴木　貧困の当事者取材をしていてとにかく腹が立つのは、精神科医療についてです。そもそも精神科にかかっている時点で、心にすごく大きな苦しさを抱えていて、仕事もまともにできる状態じゃないケースが多い。だったら本来精神科は貧困者支援のアウトリーチ（注5－1）になっているはずだし、初回の受診から経済事情を聞き取って公的扶助にまで辿り着けるような、貧困問題のワンストップにもなっているべきなんです。そうなっていないということは、それだけ精神科が当事者の生活やバックボーンについて聞き取りができていないということ。

じゃあ何のためにあるのかといえば、誤解を恐れずに断言するなら、現状では多くの精神科は単なる「薬局」です。精神の病の苦しさは、骨折にたとえることができると思うんです。そして現状の精神科とは、心が苦しくて痛い人が、その鎮痛薬を求めにやってくる薬局。精神科は、痛みを緩和しつつ、そもそもその苦しさや痛さの原因である「心の骨折」「心の骨を折った原因の追求と改善」にアプローチするべきなのに、現状はほぼ鎮痛薬の処方という対症療法しかしていないわけです。(注5-2) 骨折の治療的なケアとして現状保険適用で利用できる医療サービスには認知行動療法などがありますが、多くの当事者がそこまで導いてもらえない。

阿部　それはやっぱり医療業界のほうがそういった治療に関しては消極的だということですよね、診療点数が少なくて儲からないから。

鈴木　苦しいって言ってる人に鎮痛剤を出して、苦しさそのものの原因を取り除かないんだったら、それは麻薬のビジネスと大差ないじゃないですか。とはいえこれ、抜本的なパラダイムシフトがないとダメなんだろうな。子どもの貧困に教育を利用しないでほしいって言いましたけど、それと同じように、精神疾患者の貧困とか、貧困者の精神疾患はすごくお金のニオイがするので。お金の動くところにだけ、政策が回っちゃうといけないですよね。

阿部 それはどういった意味ですか。そういった非薬物療法にお金を落とす必要もあるわけですね。だけどそれが利権化したくないということですか。

鈴木 ではなく、薬を出すだけになっちゃっているほうの利権です。効率よくお金が儲かるクリニックの利権と、製薬会社の利権です。そこが強くなるほど、薬依存症が増えちゃうだけです。実際、発達障害の自立支援法ができたとたんに、投薬ビジネスが拡大しまくり、診断や支援事業所そのものもビジネス化してるじゃないですか。当事者は苦しいんです。苦しい人や不安な人をビジネスのネタにする。その後ろ盾として支援法整備がある。そんなところに貧困者支援が陥ってはならないと、強く感じます。

阿部 うぅーん。貧困対策は必要だけど、貧困ビジネスもいけない。

鈴木 困りましたね。

阿部 建設的にはどう考えたらいいのか。

休息が必要不可欠――認知行動療法というアプローチ

鈴木　僕なりの考えはあります。まずは貧困者が公的扶助の支援に辿り着くまでの窓口を増やす。精神科、ハローワーク、婦人相談所、貧困すれすれの人が必ず通過する場所ってあるわけじゃないですか。現状はそういうところで貧困の捕捉ができていない。あと僕が強く言いたいのはやっぱり休息です。就労支援とかいろいろなことを始める前に、とにかく休息。多くの人は、扶助に辿り着いた時点で、もう立ち上がれない、もう働けませんという状態にある怪我人なわけです。心の怪我人、見えない怪我人なので、その状態で働かせるんじゃなくて、休息の時間を与えて欲しい。

支払いの恐怖、将来不安を抱え続けている時間が長ければ長いほど、脳がダメージを受けています。トラウマやＰＴＳＤ（心的外傷後ストレス障害）が脳機能にダメージを与えるというのと同様で、貧困者はたいてい脳にトラブルを抱えているというのが僕の推論です。

阿部　脳梗塞の後遺症を抱えている鈴木さんならではのお考えですね。

鈴木　はい。僕は脳梗塞を起こして高次脳機能障害の当事者になりましたが、何が驚いたって「ひとりでやれないこと」があまりにも増えたことです。例えば手続きごとや、人に何かを説明することができない。複雑な内容を伝えてくる相手の話を聞き取ることができない。

サポートセンターとかに問い合わせや質問の電話をすることもできない。いくつかの予定を効率的に組んだり、優先すべき予定のために他の予定を調整することができない。人混みや騒音の中も歩けなくて、パニックを起こして座り込んでしまう。これらすべて、脳梗塞で「軽度」の高次脳機能障害になった僕がやれなくなったことなんですが、そのすべてが僕のこれまで取材してきた貧困の当事者から聞いたり、実際に当人をみて感じていたことなんです。

すべての人の活動は脳が支配している以上、その機能がちょっとバランスを崩すだけで、当たり前のことがやれなくなる。ではなんで貧困の当事者が今言ったような当たり前がやれなくなっているのか、考えた結論は、貧困は脳を壊す、そして脳を壊した結果に貧困はあるんじゃないかってことなんです。

貧困の当事者を取材していると、その生い立ちや大人になってからの生活の中で心身の暴力被害に遭った人がとても多いということに、誰もが気付くと思う。支援者も同様でしょう。けれども、暴力の被害とか、極度のストレスにさらされたことで人の脳がバランスを失って、それによって「当たり前のことができなくなっている」ことが貧困の普遍なら、すごく腑に落ちるんです。

貧困の当事者に子ども時代の虐待経験者が多いことも、DV被害者が多いことも、ブラック企業で限界労働を強いられた人が多いことも、みんなそうした経験が脳に与えている影響を無視して支援はできない。

支援するうえで、なんで今やらなければならないことをできないのか。なんですぐにやらなければ自分が追い込まれるのがわかっている手続きごととか支払いなんかを先送りにして、どんどん追い込まれていってしまうのか。電話一本で済むことを数週間も放置したり、やりますと言った約束を平気で破ってバックレちゃうのかなんていうのは、支援者に共通する「なんで！」でしょう。でも、脳が壊れてたら、それはとても難しいことなんです。

このへんは全部書いたら一冊の本になっちゃうので、二冊目の闘病記を書きましたからそちらをお読みいただきたいのですが（『脳は回復する』新潮新書）、まとめると貧困の当事者には共通の「普通の人がやれて当たり前のことができなくなっている」という症状がありま す。そしてそれは、貧困＝強いストレス環境が続くほどに悪化していきます。

なので、まず理想から言えば、まず捕捉率を上げる。そして公的扶助につなげるにしても、その手続きごとなどを一緒にやってくれる「同行支援員」みたいな支援が欲しい。本人の代わりにやってくれる「代行支援員」である必要は、ないかもしれない。なぜなら高次脳機能障害だった僕は、一人じゃ絶対できない、いろいろな手続きや交渉を、横に妻がくっついていてくれるだけで、できるようになったから。

そしてようやく制度を利用できるようになったら、休息です。脳梗塞後の僕は本を一ページ読むだけで猛烈な疲労感と眠気にあらがえなくなったり、病後も長時間会話や仕事に集中するとスイッチが切れたようになって考えも言葉も出て来なくなってしまうことがありました。易疲労性というらしいですが、今も完全には改善できていません。そして、この「真っ白状態」も取材の中でさまざまな精神疾患を抱えた人に、そして貧困の当事者に見られたものです。この状態の当事者に、直近の生活苦が解消されたから就労を考えようというのは早すぎるどころの話ではない。これは、ようやく脳の回復を始める段階に至ったか至ってないかというタイミング。骨折で言ったら、やっと手術をして骨をまともな位置に戻してギプスで固定した段階で、「絶対無理するな」という状態です。

でも、取材した中でも、生活保護にようやくつながったと思ったら、抱えていた鬱病が一層悪化したケースなんかゴロゴロしていたと思います。これは誰かが、骨折のギプスをはめたばかりの彼らにいきなり杖なしでダッシュさせようとしたってことなんでしょうね。つまり、休ませる前に働かせようとしたわけです。

もちろん公的扶助を使っていつまでも休息させているわけにもいきませんから、その休息を短く済ませるために活用していただきたいのが、正しい精神科医療なんです。

一つは物理的に心の痛みをなくしてあげる投薬。苦しみを緩和するという意味においては、精神科が出してくれる薬もありだと僕は思うんです。僕自身パニックを抱えるようになって、心の苦しみというのが場合によっては肉体の痛み以上にリアルな苦痛で、しかもどうすれば楽になるかわからないだけ一層始末に負えないものだと痛感しました。鬱病などでは、心の苦しさに七転八倒すると同時に、物理的な怪我もしていないのに身体の痛みに苦しむケースが知られています。僕の取材の中でも、鬱病患者の中には原因不明の立ち上がれないぐらいの腰痛があると訴える人もいました。そんな痛みを抑える薬は悪ではないと思うんです。もちろん長期間利用するんじゃなくてね。もう今心が痛くて痛くてしょうがないという状態では、鎮痛薬としての向精神薬に頼らなければやっていけないステージもある。

そしてもう一つが、積極的にその心の骨折を治すアプローチ。先ほど少し触れた認知行動療法なんかは、折れた心の関節が痛いほうに曲がらないようにする「心の矯正ギプス」みたいな療法で、矯正している間に骨折そのものも治すというものでしょうか。ひとまず保険適用内の医療では投薬とこの認知行動療法ぐらいしか選択肢がないですが、少なくとも単に薬で鎮痛させつつ働け働けと強制して心の怪我を悪化させるよりは前向きなアプローチだとは思います。

以上が、脳の傷を負った人たちを回復に導く柱です。休息させつつ、投薬と脳のリハビリ的な医療を施し、ようやく働けるメンタルになると思うんですね。

阿部　そのノウハウが早く溜まって普及するといいですね。

鈴木　特に脳のリハビリについては、これから僕、もっと可能性を追ってみたい。

阿部　成果を期待します。

スキーマ療法の可能性

鈴木　阿部先生、スキーマ療法って、ご存知ですか。

阿部　ちょっとわからないですね。

鈴木　認知行動療法のアプローチの一つで、僕も最近知ったのですが、かなり期待できそうな療法なんです。

子ども時代から虐待を受けている人、いじめ経験がある人、DVの被害が続いている女性などは、今の痛みを和らげるような精神科の医療だけだと、たとえ就労しても、いずれ辞めてしまいます。では何が必要なのかというと、やはり過去のケアが必要になってきます。残念ながら保険適用外（カウンセリング行為）なのですが、スキーマ療法は積極的に過去のケアを行うメソッドなんです。

ではスキーマ療法とは具体的にはどういうものかというと、おそらく貧困の当事者でメンタルを病んでいる人たちを見た人はみんな共感することだと思うんですけど、まず「自分が苦しい」ということに気付いてない人が多い。苦しいんだけども混乱してしまっていて、自己否定や自分に価値がないという思いにずっと囚われているような人たちに対して、まず自分が苦しんでいることに気付かせるメソッドです。

自分が今苦しんでいるという状態をきちんと客観的に観察して、そのことに気付くのがまず第一歩です。そして「では、どうすれば楽になるんだろう」と考える。ここで、自分が苦しい理由（スキーマ）を掘り下げるんですね。自分が苦しい理由が過去の自分の被害経験にあることに辿り着くための方法論が、スキーマ療法なんです。

ただ、このスキーマ療法は正しい指導下で行わないと非常に危険です。過去を掘り下げる前に、自分の非常に苦しい状態を、何とか自分自身でケアできる状態になっていなければならない。いきなりスキーマ療法を始めてしまうと、過去の被害経験がいきなりフラッシュバックするだけで、かえって心の状態を悪化させかねない。ですから、あくまでスキーマ療法はセルフケアとセットという前提で、施術できるセラピストも非常に少ないのが現状です。もしかしたら、『ケアする人も楽になる マインドフルネス&スキーマ療法』（医学書院）などの著者の伊藤絵美さんと、その周辺の方々に限られるのかもしれない。伊藤さんは、臨床心理士の方ですね。

でも、このように辛い過去を積極的にケアする姿勢が、実は貧困の当事者には非常に重要なのではないかと思っているんです。実際にそんなケアがきちんと当事者に届くようになるには気が遠くなるような時間がかかるとは思うんですが。

阿部　なるほど。スキーマ療法は興味深く思います。ですが、気をつけないといけないと思うのは、貧困の当事者を治療すればいいという考え方だけが浸透してしまって、私たちがつくっている社会のほうをどう変えればいいんだろうという視点がなくなってしまうことですね。私が今までいろんなところで話している「社会的包摂」という考え方は、傷ついたままでも、今のままでもいいよ、という姿勢です。今のままのあなたを包摂しますという社会、私たちのほうが変わりますというメッセージが大切だと思うんです。

もちろん、鈴木さんが接していらっしゃるような方々は、どんなに優しい社会でも辛さを抱えてしまう人たちであり、そうした方の苦痛を和らげることも必要です。

鈴木　両方必要ですね。貧困の再生産をしないような社会をつくることも大切ですし、個々人のケアもしなければならない。心身の暴力被害経験がない人は、「困」にまで陥らず、「貧」で止まるような気もします。本当に堂々巡りで抜け出せない人って、子どもの頃からの話なんですよね。家庭環境とか、発達面の問題であるとか、学校社会のあり方とか、さまざまな原因が考えられると思いますが、ただやはり被害経験はすごく根深い。そして、本人が自分の被害を肯定してしまってる場合も非常に多いわけですよ。親から虐待を受けているのは自分に責任があるとか、自分みたいに陰気で能力が低い人間が学校でいじめられるのは当たり前だったとか。そこでもし「自分の側に原因なんかないんだ」と肯定することができたら、おそらく貧困に陥らず、「貧」で止まる気がするんですよ。

ですから、やはり「困」に陥らない社会をつくると同時に、すでに傷ついてしまった人たちへのケアもやらないといけないなという感じです。

パチンコとスマホ——規制の議論

鈴木　あと、脳の働きに関して、少し過激な提題になるんですが、パチンコとスマホの話をしていいですか。

阿部　ぜひ。

鈴木　僕が取材をしてきた貧困者たちは、ほとんどが働きたがっていたんですよ。生活保護を長く受けている人の一部はそうじゃない場合もあるんですが、基本的にはみんな早く働きたいと思っている。ただ、世の中にその気持ちをスポイルしてしまうようなビジネスがたくさんあるんです。その身近な例が、パチンコとスマホのゲームです。

働くということは、人間にとって脳の報酬系を刺激する快楽の行為です。働いて評価を得る、報酬を得るということを、脳が快の情報として受け取るわけです。そういう機能があるから、生活保護を受けて働いてない人たちは、しばらくすると働きたくなる。何かをやって報酬感情を得たくなるわけです。

そういうときにパチンコに行くと、彼らは働いた場合と同じ報酬を精神的に得てしまうんです。パチンコは報酬感情を安易に与えるサービスなんです。さらに、スマホのゲームはヤバイ。まずいです。快を感じる演出がたくさん施されている。落ちゲーってあるじゃないですか。

阿部　テトリス？

鈴木　テトリスよりももっと簡単に進んでいくゲームです。落ちゲーの元祖はたぶん、ぷよぷよ。スマホゲームでは、ツムツムが大ヒットしました。

阿部　テトリスのアレンジですか。

鈴木　ええ。ただ、テトリスほどエネルギーを使わなくても報酬感情が得られる。しかも、演出が派手なんですよ。すごく成功したっていう感じを得られやすいので、依存する。僕が取材してきた子どもの親のうち、働かない人たちはスマホゲームの依存症が多い。というか、急速に増えた。

阿部　でも、それは依存全体の問題なんじゃないですか。スマホの前はパチンコがあり、パチンコの他には競馬をはじめとしたギャンブルがいろいろあったし、今もある。それはどこの国どこの地域でも同じですよね。ただ、ギャンブルやゲーム系の依存が貧困と結びついているという認識が、日本はすごく薄いですよね。

鈴木　そうですね。ただスマホで一番問題なのは……。

阿部　パチンコのようにお金がいらない。

鈴木　そうです。とても安易にハマれるんです。

阿部　ギャンブルだとみんなお金なくなっちゃうんで、あれは規制しなきゃと思うんですけど、スマホに対して規制しようという動きは出ないですもんね。

鈴木　このままではまずいと思います。子どもの貧困を取材すると、スマホゲームに膨大な時間を費やしてる親が多いんです。ほんとここ数年の話で、すごく危機感を感じています。

貧困者にとって安易な報酬系を刺激してくれるビジネスは、規制する必要があると思います。規制の根拠は未成年のアルコールと同じ。それをやって何か失敗することに対して、本人の責任が取れない状態ですよね。少なくとも生活保護を受給してる人間に関しては、法的根拠を持って規制しないとまずいと思います。

阿部　生活保護者だけ規制するのはどうかな。

鈴木　じゃ、どうすればいい？

阿部　生活保護の方々は犯罪者ではなく、パチンコに行くこともお酒飲むことも禁じられてないわけです。一方で生活保護者や貧困者は自己規制ができないから、これやっちゃいけない、あれやっちゃいけない、パチンコもやっちゃいけない、お酒飲んじゃいけない、家計管理させなきゃいけない、といった声も根強い。それは正しい面もあるんですけど、貧困、生活困窮者だからという理由でやってしまうと、歯止めが利かなくなりますよね。

鈴木　規制の？

阿部　そう。生活保護をもらうためには、品行方正でなきゃダメですよみたいになってきちゃうんですよね。パチンコもしない、ゲームもしない、アルコールも飲まない、家計管理もできる、無駄遣いは一切しない……そういう「正しい貧困者」でなければ救済する価値がないといった考え方。今でも強いですが、ますます強くなってしまいます。貧困から脱することと、依存に対して対処することは別々に考えるべきです。ギャンブルを規制するのであれば、生活保護者、一般人に関わりなく国民全員に規制しないと。

鈴木　なるほど。

阿部　どのような属性の人でも、自分のお給料でスマホでやってる人も含めてやらなきゃいけないと思いますね。

鈴木　経済損失を考えると、ちょっと無理なのでは。

阿部　そうなのかな。残念です。なんとかしてほしい。せめて、カジノはやめてほしい。あとは、依存症が病気なのだという認識を徹底させることと、AA(注5-3)みたいな、依存症に対する治療を普及することをやっていくしかないんじゃないのかなと思うんです。

鈴木　そこで問題なのは、依存症になってしまってからでは、自立した生活を取り戻すまでにすごく時間がかかってしまうところですよね。やっぱり未然防止策として防がなければいけないと思う。規制以外でなんかないかな。

阿部　シンガポールでは最大支出額やギャンブルをする期間を最初に決めたりできるなど、ギャンブル依存に対するいろんな規制ができているらしいです。

カジノを解禁するなら、実行力のある規制をしなきゃいけないと思うんです。

鈴木　そうですね。子どもがスマホのゲームやると、勉強しなくなるのは当然ですよね。

阿部　子どものスマホの場合は、一定時間をやったら止まっちゃうように、親が設定することができるじゃないですか。それを本当は大人のスマホも含めて全部やらなきゃいけないですよね。

鈴木　パチンコに関しては、僕、田舎に住んでるので、このところイチパチゴスロって言って、一円パチンコと五円スロットがすっごく流行っているのを実感しています。お金をそんなにかけなくても遊べるパチンコです。

阿部　貧困者の方々に効くような規制をするならば、そのパチンコには課税するしかないかなと思いますね。遊興代を高くする、と。

鈴木　流行の逆ですね。

阿部　タバコと同じですよ。タバコ税がどんどん上がると、喫煙したいリッチな人は吸い続けますけれども、貧困者には限界がくる。もともと貧困者のほうがタバコ吸う人も多いので、もうそれは良しとする。

鈴木　ただ、そういう依存する対象物がどんどんなくなっていくと、アングラ化するでしょうね。僕は前から、規制は常にアンダーグラウンド化を生むという発言をしてきました。ただこれについては、何もしないよりましだと思うんです。娯楽が人から働く喜びと意欲を奪うって、なかなか産業的には過激な発言だと思うんですが、そう言わざるを得ないほど貧困者を食い物にする射幸性の高い遊びがはびこっている。

報酬感情を得るための、段階を追った就業支援が必要

阿部　であれば、ギャンブルやゲーム以外のところで、報酬系のホルモンが出てくるような活動をやっていくしかない。例えば、ちょっとカフェとかで働いてみる、一時間とか。そうすると周りがみんなすごく褒めてくれるんですよね、「やったね」みたいな感じで。それで少しずつ慣れていく。

就労支援もそういうふうに段階的にやっていかなきゃダメだと思います。最初ちゃんと起きてその時間に来たということだけでも、みんなで褒めて、ポジティブな報酬をいっぱい与

える。ネガティブな報酬系を規制するのはすごく大変だから。

鈴木 ネガティブな報酬系、って難しい言葉ですね。報酬はポジティブなので。

阿部 そうですね。報酬自体がポジティブなことですよね。

鈴木 喪失を伴う報酬ですね。

阿部 でも、本当の報酬じゃないんですよね。

鈴木 そうです。架空報酬だ。架空の報酬。

阿部 そういったもののネガティブな側面がだんだん解明されてきて、乗り越えた人が増えていけば、人々の行動も変わっていくんじゃないかなと思うんですけどね。私は専門家じゃありませんが、例えば一九八〇年代、アメリカの学生はみんなマリファナ吸ってたんですね。当たり前だったんですよ。ですけど、今の学生はマリファナを吸わなくなりました。タバコもそうですよね。

鈴木 そうなんですか。

阿部 そういうものがだんだんカッコよくなくなってきたというか。

鈴木 カルチャーか。

阿部 私、ああいうものは増えるばっかりなのかなと思っていたら、反対に動くこともあるんだな、と。依存の対象としてインターネットや他のゲームが代替しているのかもしれません。

鈴木　十年前に避妊具で有名なオカモトを取材したときに開発の方に言われたのが、当時コンドームの売上が非常に下がっていて、いろいろ研究した結果わかったのは、実はパソコンとインターネットのせいでした、と。夫婦やカップルの時間をパソコンが奪った結果として、コンドームが売れないんです、というのがありました。カップルのコミュニケーションが満たすはずのコミュニケーションという報酬を、ネット上のチャットとか掲示板なんかのコミュニケーションが奪ったという分析でした。

いずれにせよ、あまりにも架空の報酬系が多すぎますよね、世の中に。

阿部　他に魅力的な活動がないから、ということもありそうですね。

「何をすれば嬉しいのかわからない」のが貧困

鈴木　ここまでの話をまとめると、まずアウトリーチの窓口を拡大し、貧困者の捕捉率を上げる。制度を利用する手続きそのもののサポートを支援の入り口にする。制度につながったらまず休ませ、適切な医療サービスなどでリスタートできる状態に本人をケアする。と同時に、架空の報酬系のビジネスを規制するのではなくて、架空の報酬と同じぐらい安易に報酬感情を得られるような段階を追った就業支援をしていくことが大事。好き放題言ってる気がしますが……。

阿部　必ずしも就業じゃなくてもいいと思いますね、最終的なところは。それが例えばNPOであれボランティアであれ、本人にとっての居場所になればいい。そこからお給料もらうわけじゃないけど、自分が行けばやることがあり、喜ばれることがある。

スポーツも一種の報酬系だと思います。ただ、スポーツって一人でもできるわけで、できれば、社会と何らかのつながりがあるほうがいいですよね。

鈴木　ジョギングで音楽聴いて、それに合わせて走るというBPMランニングというのがあって、僕やってるんです。あれ、スマホゲームと同じぐらいの報酬系です。音に合わせて一歩ずつ進んでいくというのが、すごく気持ちいい。脳梗塞の後遺症で離人症的な症状があって、どうにも自分が現実世界に生きていないような違和感が拭えなかった時期、このジョギングと音楽の組み合わせは唯一自分のリアルを取り戻せる報酬系でした。

仕事を始めようにも、まず走りたい。でもジョギング終わったあと、働きたくなくなる。働かなくてもよくなっちゃってる自分があって。

阿部　でも、それは人生の楽しみの一つでしょう。何らかの活動をして給料をいっぱいもらうためだけに生きているんじゃない、という気がします。食べることもそうだし、セックスすることもそうだし、そうしたいろいろな快のために私たちは生きてるわけですよね。別にそれ悪いことじゃないと思うんですよ。スポーツしていい気持ちになることも、人生にとってはとてもいいことだと思うんですよね。だから、何がいけないのかといえば、どうなんですかね。やっぱり稼げなきゃいけないっていうことなんですかね。仕事しなきゃいけないっていうことなのかな。

鈴木　それも結局、資本主義社会であり、なおかつ財源は限られた中で彼らを支援していくわけなので、最終的にやっぱり生産の現場に戻ってきてくれるというのが、着地点だとは思います。

阿部　それをやりつつ、でも、仕事がその人の一番の楽しみじゃなくてもいいと思うんです。仕事もやりつつ、最低限自分が食べるだけ稼げて、それで他のこともやるという人生でいいわけですよね。日常生活を損なわない、依存にならない報酬系が仕事の他にもあってもいい。ただ、生活保護の人たちですとか、鈴木さんが見てらっしゃる方々は、そのバランスは壊れているということなんですよね。

鈴木　哀しいけどそうなんだと思います。何をすれば嬉しいのかわからない。嬉しかった経験がない。あったとしても忘れて思い出せない。そんな息苦しい霧の中をもがいても抜け出せずに、たった独りでさまよい続けている。貧困ってそういう状態なんだと僕は考えています。

（注5－1）**アウトリーチ**　援助が必要であるにもかかわらず、支援の窓口やサービスをそもそも知らなかったり、たどり着くための能力や余裕がないなどの理由で自発的に支援の申し出ができない人々に対し、援助者の方から働きかけて、支援の実現をめざすこと。

（注5－2）**認知行動療法**　行動ではなく認知（ものの見方、考え方）に働きかける精神療法（心理療法）の一種。強いストレスを受けているときなどに、現実を過度に悲観的に捉えて自己否定的になる「認知の歪み」が生じると、うつや不安障害の原因となってしまう。この「認知の歪み」を正して、現実の問題に対処するように導く療法。

（注5－3）**AA**　アルコホーリクス・アノニマス（匿名のアルコール依存症者たち）の略。飲酒をやめたいと願う人々が参加する、世界的に広まったアメリカ発の相互援助グループ。

第六章

地方の貧困と、政治を動かす力

独居老人と子どもの貧困

阿部　地域コミュニティの排除の話をしましたけれども、私はよくわかっていない部分があるんです。それを鈴木さんにぜひ教えてもらいたくて。

鈴木　なんでしょう？

阿部　私は、ずっと東京に住んでいるので、東京の貧困しか見ていないに近い。研究者もみんな都市部に集まっていて、都会の貧困しか見ていないんですよ。だから、地方の貧困がどうなっているか、正直、よくわかっていないんです。

鈴木　そうですよね。田舎発信でこういう発言をする人間は特殊かもしません。都市部の貧困ってわかりやすいんですよね。すごく説明がつきやすい。比して、地方の貧困はあまりにも多様で説明しづらい。地方の議員さんなんかは自分の地元の貧困をどう見てるんですかね。

阿部　貧困と思ってないんじゃないんですか。

鈴木　地方で一番目につくのは高齢者の貧困だと思います。公営住宅の独居老人。公営住宅の独居老人に孫がいたりしますよね。その孫が結構貧困であったり、低所得のコミュニティの一員だったりする。そういう風景もありますね。

阿部　つまり孤独死するかもしれないという意味で目につくということですよね、その独居老人の場合は。

鈴木　うん、そうですね。あとは子どもの貧困も確実に多いんですが、これはちょっと前までないことにされていた。子どもの貧困が今まで顕在しなかったのは、子どもたちが子ども自身でなんとかしていたからだと思うんです。というのは、二十世紀生まれの人たちの子ども時代の貧困の話を聞くと、みんななんとかしている、子どもたちだけで。例えば親が帰ってこない家が地元にあったら、貧困の状態にある子どもはみんなそこをたまり場にしていた。あと食品の万引きもそうですし、自分らでどうにか生き抜いているんですよ。

当然その中には恐喝とかも入ってきます。先輩に言われて、周りの子たちを恐喝して、自分たちもお金もらいつつ、先輩に上納する、恐喝・カンパ文化みたいなのがあった。以前の子どもの貧困って、そんなとんでもない方法で自助的に救われてきたと思うんです。

今も昔もそういう子らは少年院にいっぱいいて、彼らのルーツ取材をすれば、貧困の子をたくさん生み出しているエリアとか、その土地で脈々と続いている文化などが見えてきます。だけど、それはないものにされていたり、反社会的だとレッテル貼りされ、それ以上考える対象になっていなかった。それが経済の底が抜けて、ようやく子どもの貧困として語られるようになって目につくようになった。そういうことなんじゃないですかね。

ソフトヤンキー

阿部　やっぱり私には見えていない世界ですね。少し別なことも教えてもらいたいんですけど、その一方で、地方の若者の中にはガンガン賃金が上がるような職を求めず、年収三〇〇万円未満で、地元の中学、高校のときの友だちとずっと付き合いつつ、それでハッピーみたいな層が多いと聞くんですが、それは本当なんですか。

鈴木　そういう若者が増えているのは感じますね。お祭りに行くとよくわかります。地域のいわゆるソフトヤンキーといわれる子たちのアッパー層がたくさん集まるんです。この間、北関東のお祭りに行ってきたんですよ。むちゃくちゃな人混みの中で、戦車みたいなツインのベビーカーに子ども乗っけて、もう一人の赤ん坊を抱っこしてる二十歳そこそこぐらいのママがソコノケソコノケの勢いで闊歩《かっぽ》してるんです。三人の子持ちですよね。巻き髪盛りまくりで袖口に立派なタトゥーなんか入っちゃって、強面《こわもて》だけど派手で美人でお水風。他にも同じく三人、あるいは四人子どもがいる世帯が集まって、みんなヤンキーねえちゃんなんですけども、すごく幸せそうに騒いでいるわけですよ。そうした若い家庭の世帯収入って夫婦合わせても都市部の若者が「これじゃ将来絶望。子どもなんか絶対産めない」ってレベルなんです。でも彼女たちが不安に思うとしたら夫の浮気とか事故ぐらいのもんで、ガンガン人生楽しんでぼんぼん子ども産んじゃってる。

都市部とは違う世界なので、なかなか理解しづらいと思うんですけども、すごく閉鎖的で、特有のコードを持ったコミュニティがあるんです。彼ら彼女らの考え方の根本は、「収入源を増やせ」ですね。夫婦が両方とも副業もしているダブルワークで、子どもも十五歳を超えたら働く。

阿部　アルバイト？

鈴木　そうですね。彼らは、それを五つ目のワークという。稼ぎ手を増やしていって、自分たちの経済圏を自分たちの家族の中につくろうという動きはあると思います。

ただ、郊外の若者論をよくする原田曜平（マイルドヤンキーの提唱者）が明らかに誤ってるのは、それが全体だっていうふうに言ってる点です。そんなことはない。だって、彼らの世界観はすごく狭く、例えば浜崎あゆみとEXILE（注6－1）ラブじゃなかったら友だちじゃないし。都市部では市民権を得ている、例えば腐女子系の子とかオタクな男の子は激しく差別され、市民権のない世界。大人になってもスクールカースト（注6−2）を引きずる、すごく排他的なコミュニティなんですけども、それを是としている集団が拡大しているのは事実です。子育てでも生活でも、結婚式でもお祭りでも、地域の中で互助していく文化です。子どもの学校なんか公立で当たり前だし、習いごとはサッカーか野球かスイミング程度で、塾に通うなら中三から。都心のお父さんお母さんが不安に思ってる教育費用なんて、そもそも教育支出という文化が存在しないし、小学校からお受験なんて言ったら「あんたはあたしらの友だちやめるつもりなの？」って腕まくりされちゃうかも。同調圧力半端ない。

けれどもこの文化圏、経済圏は、地方の工業衛星都市に寄生しているって特徴もあって、基盤となる産業が衰退したら真っ先に犠牲になる層でもあるんです。夫婦も子どもも元気なうちは世帯年収もそこそこ高いかもしれないですけども、将来の保障は全然ありません。地域の産業があるから成立しているのであって、それが無くなっちゃいましたというときに、彼らに産業をつくる発想や力はなく、あくまでそこで労働する側の人間の集団なので、どうにもならなくなるでしょうね。

しかも悪いことに、せっかく格安の賃貸とか中古車市場なんかも充実している環境なのに、三十代を超えていくと前段で指摘した新築住宅とか新車とかの強制支出も少なからずあるんです。職場や先輩の付き合いで新築とか、付き合いで新車とか、そういうのも地場のヤンキーの「漢気消費《おとこぎしょうひ》」の文脈でやらかしちゃう。フルローンですから、非常に博打要素の高い人生設計をする人たちです。そもそものコミュニティの中でやっていけるのは地域の若者の一部だし、そんなソフトヤンキー層に注目して、その消費やコミュニティの互助に政策側が期待するなんて、絶対しちゃいけないことですよね。確かに大きな消費層ではあるんですが、彼らが地方の地域を活性化しているというふうな見方をしたら、それはとんでもない誤認です。貧しいエリアほどそういう景色は生まれやすいもので、みんな貧乏だとやっぱりQOLが上がって一見新しい幸せのかたちのように見えるんですよ。それは幻影でしょう。

阿部　それほど多くもない所得の中で、急な出費が必要になったときや、稼ぎ主が失業してしまったときには、彼らは急に困窮し、貧困に陥っていくんですか。

鈴木　収入源を増やすということは彼らにとって保険なので、例えば夫婦で二つずつの仕事を持っていたら、一個失職しても、他に夫婦で三つの収入源が残る。夫婦のどちらかが倒れても、二つ残る。十五歳以上の子どもがいれば四つ残るという、そういう考え方ですよね。一応それでなんとかなっているようですけれど、親の介護とかどちらかが病気で働けなくなるとかのリスクなどは考えてないので、彼らのプランニングって五十歳以上生きないことが前提みたいな感じはありますね。

阿部　自分の老後など、もちろん考えてないっていう感じ？

鈴木　刹那主義と言いますか、「それは子どもが考えるでしょ」みたいな感じ。その代わり自分らの世代は親の面倒までは見ると。

　これもちょっと激しい話ですけども、風俗勤めの女の子のお母さんを取材したときかな。「女はシングルでも女の子三人産めば家が建つ」って言うんですよ。確かに、バアちゃん母ちゃん娘、みんなナイトワークに就いて頑張ってりゃ、家の一軒ぐらいは建つんですよ。それで連綿とナイトワークだけやってるような人たちがいるんですよね。世代を超えた貧困じゃなくて、世代を超えたナイトワーカーです。

　地方のソフトヤンキーの生き方は、感覚的にその人たちと似てるなって。五十歳になったら下に食わせてもらう。ナイトワーカーは四十代まではぎりぎりなんとか食っていけるけども、そっから先は現役じゃなくて下の子を使う立場を目指して、あとはもう下の子たちに託す。十八歳で女の子を産んでれば、五十歳の時点で自分の子は稼ぎ盛りのナイトワーカー。その下の孫も、もう少ししたらナイトワーカー、セックスワーカーになってるかもしれないから、十分回るぞ、っていう、そんな世界観もあるわけです。そんな親たちとは別の世界で生きたいと思っている子にとっては毒親毒祖母以外の何者でもないんですが。

阿部　その方々は、自分は貧困当事者とは思ってないわけですよね。

鈴木　思ってないです。

阿部　ですよね。なので、それが問題だとは私からは言えないですね。

ソフトヤンキーは仲間に入れない貧困者に対する差別意識が強い

鈴木　問題は、地方ではそうした層が拡大傾向にあること。そしてもう一つ問題なのは、そんな地元でやむを得ない理由で貧困に陥った同世代に対して、彼らの仲間内でなければ大変攻撃的になるということです。それこそ頑張ってきた人が頑張れない人を差別するの典型です。同じ地元でみんな頑張っているのに、頑張れないあんたらが貧しいのは自己責任だと。前にお話しした自治会と同じですけども、閉鎖的な村社会の感覚なので、彼らの感覚が当たり前になることで、一層貧困者に風当たりが強く、生きづらい地方になってる。そんな実感がありますね。

阿部　地方社会も生きづらくなってきているのですね。

鈴木　友だちの結婚式に呼ばれなくなったら終わり、っていう感覚ですよね。地元のヤンキーの子たちはみんなでカンパして結婚式やったりするんです。その子らにすると、自分が結婚するまでは友だち関係切れないし、ということは空気読まなきゃいけない、我慢もしなきゃいけない。呼ばれなくなったら、自分も差別してるコミュニティ外の同世代と同じ扱いをされてしまうから。そういう感覚ですよね。すごく閉鎖的で窮屈な感じがします。

昔の村社会とかなり近いものを感じますよね。要するに村八分があるコミュニティです。

阿部　当事者たちがそれを問題と思ってない、っていうところをどう考えるのかですよね。

鈴木　そうなんです。まあ、排除されたり生きづらいと思ってる子は地元を捨てて都市部に出てきて、また別の貧困リスクに直面してるわけですけど、そうした子にとっては地元に戻ってやり直すという選択肢もまたなくなっているということになる。

阿部　それに対して、外の人間である私どもなどが何かを言うべきなのか、って話がある。当事者たちが問題と思ってないんだったら、いったいなぜ何かの対策を取らなきゃいけないのかって話にもなるわけだし。

鈴木　いやいや、それはもちろん、彼らにも選挙に行って、貧困者を救うための投票をしてもらわなきゃいけないからです。そして彼らが地方のそうした社会で最も発言力をもっていて、ムードを作る存在でもあるから。もちろん彼ら自身が中高年になって、もっともっと社会情勢が悪くなったときに貧困の当事者サイドに陥るリスクも無視できないですしね。

阿部　彼らの中からも本当に困窮する層が出てくるわけですよね。離婚率も高いだろうし、いっぱい子どもがいてシングルマザーになるのだから。なのに、自分たちが貧困の当事者になるという感覚にはならないんですか、ソフトヤンキーといわれる人たちは。

親の面倒もよく見る。東京に出たらアウト

鈴木　ないでしょうね……。彼らが一番危惧してるのは、地元を離れちゃうことですね。地元を離れたら、そういうリスクを背負ったときに、本当にどうにもならなくなる。地元にいる限りはなんとかなる、って思っている。シングルマザーが大変というのは、子ども預ける先がないというのが一番の理由じゃないですか。その部分はかなりクリアできているんですよ。地方では地元にいると、遊び友だちの中に自分の親類がかなりの高確率でいますからね。

都市部の人間に、その感覚はないですよね。でも、田舎の子たちは地元の飲み会に行くと、そこに従兄弟がいたり、従兄弟が自分の友だちと結婚していたり、普通にあるんです

よ。そういう中で、女同士の互助はかなりしっかりしてますよね。それは僕、羨ましい感じもあるぐらいです。かつて子育ては母親と祖母や、母親の姉妹や男兄弟の奥さんと協力体制で行ってきた時代があって、それが核家族化でどんどん手が足りなくなってきた経緯があるわけですが、そうした地方では少子化は進んでいるとはいえ、血縁支援や友人支援はまだまだなくなっていない。だからこそ閉塞感があるとも言えますが。

阿部　私が描いてきたような貧困とは違う貧困ですよね。

鈴木　貧困ではないです。貧乏。

阿部　貧乏なのかもしれませんけど、日本全体的に見れば、絆だとか互助関係だとかいうものは明らかに所得と相関しています。所得が低ければ低いほど、親戚もいないし、家族もいないし、友だちもいない。

鈴木　そうですね。

阿部　でも、違う層があるっていうことですよね。

鈴木　はい。だから、彼らの中には都市に出ることがすごくリスクっていう感覚があって、都市集約型っていわれてる中で、逆行しています。

阿部　地方に仕事はあるわけなんですね。若者が地方を離れる一番大きな理由は仕事じゃないですか。

鈴木　それはやっぱり大きな産業に付帯する仕事ですね。企業城下町とか、工業衛星都市とか言われているような地域はわかりやすい例です。例えば、そこには富士重工さんの大工場があります。その周りに富士重工の関連会社があります。そのまた周りに富士重工の下請けの下請けや、そのまた下請けの部品を作ってる会社がありますみたいな、大きな経済圏がある中での話なんです。周りの付帯産業、飲食業とかサービス業とかも、みんな富士重工という資本にへばりついている。ですから、すごく経済情勢の影響を受けやすい層でもあります。

阿部　実は不安定なのに、へばりつく。

鈴木　本能的に、孤立がリスクだと理解しているんでしょうか。とにかくマインドが相当変わってきていて、今の地方の若い子って親元から出たがらないという面も強いです。タトゥーが入ってる不良っぽい男の子なんかが、三十歳ぐらいまで親に何から何まで頼ってたりだとかね。あれも親元から離れることをリスクだと認識しているんですよね。

結婚して住まいが狭くなったら出ますよっていう話だし、親も出ていけって言うかもしれない。だけど、実際に、出ていきますって言ったら、親もちょっと不安になるだろうみたいな。あの子たちはすごく親の面倒を見るんですよ。親の病院の送り迎えとか、買い物行くときにクルマを出すとか、とってもマメ。家賃の代わりにそのくらいやるのは当たり前っていう感覚があるようですよ。親不孝で家庭内暴力でシンナー吸って族車乗ってみたいなヤンキー像とはかけ離れています。

そういう子ほど、「東京出たらアウト」。東京の大学行って東京出て、そこで仕事して失敗したらもうアウトだよね」って言う。

阿部　やはり仕事がポイントかな。

鈴木　まず地元の会社に勤めて、そこから都市部の仕事に行くんだったらいいんですよ。籍は地元にあって、地元仲間と出稼ぎするならオーケー。でも一人で都市部に「移籍」するのは、絶対NG。もたれ掛かり合った地元の友だち関係に価値をすごく置いていて、まるで兄弟みたいに仲良くしているんですよね。

阿部　お話を伺っていると、ちょっとわからなくなってくるところがあるんだけど、そういう地元の若者のあり方を、鈴木さんはいいことと評価されているんですか。なんか一見、聞こえがいいじゃないですか。支え合いが強く、絆が強まり、地元愛が強いみたいな、そういう関係って。逆に、そういう彼らは自立できないというふうに悪く評価するべきなのか、どっちなんですかね。

鈴木　うーん、先ほども言いましたけど、排斥を伴う互助は肯定できないですよね。彼らを肯定することは、孤立の中にある貧困者を不可視にすることでもありますし。

阿部　そして、閉鎖的なんですよね。考え方も何もかもすべて閉鎖的だと。

鈴木　そうですね。保守的ですね。まさに安倍政権支持ですもんね。安倍首相大好きで、いわゆる意識高い系が大嫌いです。だからどうなんだろう。あの子らが自然発生的に現れた貧困対策世代なんですかね。でも、ちょっと辛いですね。僕が二十代のときにそういうコミュニティの中にいたらきつかったですね。

阿部　昔の若者はそういう村社会が嫌で都会に出てきたわけですけど、今は出る先があまりにもリスキーになっちゃったんで、みんな戻ってきたという感じですかね。

鈴木　そうですね。そう考えると、自民党政権というのは意外に田舎が見えてるのかもしれないです。

阿部　その中から出てきたのが三世代世帯のススメなんですかね。

鈴木　絶対そこまで考えてないと思いますけど、結果的にそうなのかも。

阿部　だとしたら、彼らのマインド的にはいい方向なのかもしれないですよね。親から完全に自立せず、実家に住み続け、地域の中で家族・親戚と友だちの中で互助して生きていくというのは。

鈴木　いや、結局その地元や家族と反りの合わない人は孤立するし、孤立した彼らは貧乏じゃなくて貧困でしょう。戻りたい地元がない、頼りたい家族がない。むしろ戻るぐらいだったら死ぬってぐらい、本来帰属してたコミュニティと断絶してるのが貧困者の特徴だとも思いますし。やっぱり全然肯定はできないですよ。

東京都は貧困を語らない

阿部　都市部のほうに話を移すと、例えば東京もね、子どもの貧困が見えているかと言ったら全然そんなことはない。

　私、数年前、東京都の子どもの貧困対策をやる部署に委員として入ってたのですけど、そこでは、子どもの貧困問題が非行などの文脈で語られていてとても違和感がありました。私も他の委員も貧困のことは相当発言させていただいたのですが、報告書の本文の中には「貧困」についての言及がありませんでした。また、都の別の子どもや教育関連の部署に対して子どもの貧困の影響についての報告書を書いたときは、やはり、貧困と子どもの諸問題、例えば、不登校や抑うつ傾向といったことの関連について、あまりあからさまに書くことはしないように言われました。

鈴木　なぜですかね。

阿部　これは貧困の子どもにスティグマがつかないようにという配慮でもあるんです。貧困の子どもが不登校になりやすいって書いたら、「不登校の子は貧困か」みたいにラベルが貼られてしまう。だから、貧困の子どもが不登校になりやすいっていうことを大っぴらに言いたくない、見なかったことにしたい、ということらしいです。そうやって貧困をオブラートに包んだようなかたちでしか語らない。青少年の健全な育成をなんとかしなきゃいけないとか、そういった言葉遣いをするんですけど、子どものさまざまな問題の背景に家庭の貧困問題がある確率が高いという点は、一切見ない、聞かない、書かないという感じです。

鈴木　ちょっと平常心ではいられないですね。暴れたい気分です。けどまあ、予測もつきますね。昔の暴走族雑誌の読者投稿コーナーって、非行少年少女がいろんな自分語りを投稿していて彼らのはけ口になってたけど、今読み返すと背後に濃厚な家庭の貧困があったりして、今の子と事情は変わらない。そういう子の貧困を排除と差別の対象にしてきた過去があるわけで、それずっと連綿と続いてきてるってことですよね。

地方を歩くと必ず目にする、「暴走族追放宣言都市」とか「非行の芽を摘む地域の目」みたいな看板、僕は全部燃やしたいぐらいに腹立たしくて、「非行少年の苦しさを無視して差別する地域の目」だろって。それにしても、貧困を語るなっていうのは、何か意図が。例えば共産党的な文脈に乗りたくないとか、そういう？

阿部　一つに、議会が保守的ということがあると思います。例えば、議会で社会活動家の仁藤夢乃さん（注6−3）が有識者としていわゆる女子高生ビジネス（注6−4）などの話をして、たくさん問題提起もするわけですよ。そこで「中学校の時代から女の子には正しい母親になる教育しなきゃいけませんね」というようなレスポンスがあったりする。その調子ですから、セックスワークに入ってくる女の子たちの貧困問題なんて、政策議論に乗らないんですよ。

鈴木　想像以上にひどいな。絶望しか感じないんですが、どうブレークスルーすればいいんですかね。

なんか宗教ですか。僕ね、彼らは、宗教じゃないかなと思う。

阿部　半分宗教ですよね。

保守化する若者たち——インターネットによる先鋭化

鈴木　先般、日本会議（注6−5）のことが話題になったことがあるじゃないですか。僕ね、あの話を聞いたときに思ったのが、戦中に婦人会ありましたよね。「銃後の守り！」って言って背筋伸ばした大政翼賛なおばちゃんたち。あの人たちと同じ空気を感じるんですよね。会ったことないですけども。ただ、ああいう人たちが今の日本を支配してるんであれば、ちょっと絶望的になっちゃいますね。

阿部　力、増やしてますよね。

鈴木　そうなんですよ。

阿部　鈴木さんのルポの中でも、若者が保守的になっているという話をなさってるじゃないですか。ひと昔前の家族規範や男はこうあるべき、女はこうあるべきみたいな価値観に、私なんかは聞いただけでぞぞっとするものがあるんですけど、今の若者たちに「これっておかしいよね」と言ってもわかってもらえない可能性が高いのですか。

鈴木　そうですね。先ほど話した地方のソフトヤンキー層な女の子たちは男子よりもっと保守的で、結婚願望異常に強いし、夫に尽くす良妻賢母像も旧弊だし。男の筋肉賛美で、なんか戦中の隣組の女性なんかを想起させるんで、僕勝手に「銃後ガール」って呼んでますけど。

阿部　そうなると、私とは本当に価値観からして違うので、もうなんて答えていいかわからなくなります。

鈴木　やっぱり地方のヤンキー層の件でお話ししたように、今の子たちは帰属するコミュニティの空気を読むことにとても敏感で、帰属からはずれることをすごく怖がります。これは東京のいい大学に通っている学生でも同じでしょう。そうした人たちが端的に帰属感を強く味わえるのが、「美しい日本」なんです。自分たちがキラキラ介護ビジネスみたいなところに利用される若者に関しても、やっぱり国のためになっているぞみたいな意識に支えられているところが大きい。で、こっちがマジョリティ。

そういうところに染まれない子は、逆に大きく振れてちょっと前のSEALDs的学生団体方面に走る。こっちはこっちで、アンチ安倍なら原発再稼働NGでなんやかんやで、まったくニュートラルさを失っているし、同調圧力もすごい。僕も大政翼賛とか軍靴の響き的なものには心底ぞぞっと来る世代なんですけども、そのへんのズレはかなり進行してますよね。

阿部　このぞぞっとする感覚は、一定の年代だけにシェアされてる特殊なものなんですかね。

鈴木　うーん、かもしれないですね。

阿部　戦後の何十年間に生まれ育った世代だけの感覚かもしれません。ただ、いずれにせよ選挙なんかで見ると、明らかに若者は保守化してますよね。

鈴木　ただ、僕自身、ぞぞっとくるような教育や書物に触れてきたからというのもあるし、自身の中のあからさまな左傾に気付いて、少し軌道修正した時期もあったと思います。やっぱりそれはインターネット以後のことで、むしろそれまで保守サイドの情報が入って来なかった。ということで、今の若い子もインターネット世代かどうかというところで、はっきり分かれている感じがしますけどね。

インターネットは本来マジョリティじゃない声を拡大して大きく見せることができちゃう。明らかに保守側の言論がすごく肌触りのいいかたちで出てきて、同時に、革新左翼側が言ってきた嘘みたいなものをどんどん突いてきたわけですよね。エビデンスがあるものでもないものでも、すべてネット上に書き込まれる回数が多いほど、それが真実になっていく。それを批判的に見られる若者はそうそう多くない。保守勢力は圧倒的にネットの使い方が上手かったとも言えます。

インターネットは選択的なメディアなので、そこをクリックするかしないかっていうことで、情報が選別できますよね。そうすると自分が得たい情報が勝手に掘り進められ、先鋭化していくわけですよ。なので、自分の言い分を通す文脈の完成度が高い。陰謀論じゃないですけど、どっかに工作員がいるんじゃないかというくらいに。でも、まあ、革新勢力的な人たちにもちょっと工作的なものを感じますけど。

震災で、左翼がオカルトになってしまった

鈴木　やっぱり震災がよくなかったなと僕は思います。

阿部　どういった意味で？

鈴木　震災を経て、すごく日本人が二分化してしまい、左翼の人たちがオカルトにされちゃった部分がありますね。

確かに震災と原発事故は人を大きな不安に陥れる衝撃でしたけど、それにしても反原発サイドの人たちの言葉には非科学的なものが多かったし、中高の化学の授業レベルで論破できちゃうことも多かった。その非科学や似《え》非《せ》科学言説のオカルトぶりと同時に、反原発をずっと訴えてきた人がそれ見たことかとばかりにノーニュークと同時に護憲とか労働問題とかのプラカードまで同時にかざしちゃったでしょ。で、そのプラカードをかざしてる人のツイッター見たら、「放射能でついに枯れ葉色のカマキリが出現！」とか出てきちゃう。カマキリ

に環境による褐色体がいることすら知らんのかとなるし、苦笑しかできない。そんなこんなが重なって、「あー、あっちの人は、ちょっと頭悪いのかも」って引いちゃう若者たちが出たんだと思うんです。そして残念なのは、そのオカルト混じりに振り上げたプラカードの中に、貧困問題なんかも微妙に混じっちゃってた。これはほんと、残念でならないですね。そして、そういう存在を見つけては、情報強化して馬鹿にするのが今の子たちです。君は左翼で脱原発で反貧困でナマポマンセー（注6-6）で、そんな君は水素水を買ってるんだね。左翼はアホだねっていう話になるんです。全部一緒くた。

阿部　そこは左翼の人たちにもう少し自覚してもらいたいところですね。私は自分のモットーとして、他にいろいろ思うことはあったとしても、絶対に脱原発だとかその他のイシューは訴えない。阿部彩が発信するのは貧困問題なのだ、というふうに決めているんです。そうじゃないと、なんでもかんでも反対する人って見られて、自分の言葉が届かなくなりますから。

鈴木　それがみんなわかってない。実際僕も、貧困問題関係でアプローチしてきてくれた若い活動家の人なんかに「いろんな悪い大人に利用されないでね」って伝えたこともあるんです。でも、結局「そっちサイド」に染まってしまう。いろんなデモに出たり、そこで共感を得たりっていうのツイッターなどで発信すると、あ、この人もそうなんだとスティグマを貼られちゃうんです。だから発言する人間は絶対にワンイシューで行かなきゃいけないです、本当は。

僕も脱原発ではありますし、九条もできれば護憲したいなと思ってますけど、歴史認識関係なんかは左の人に丸っと同調はできないし、保守側の言うことに一分の理はあると思うこともある。だから、貧困を語る際に絶対そういう発言を混ぜないようにしていますよ。

阿部　そうですよね。どう考えたってそういうものだと思うのですが、なんでみなさんそっちに行っちゃうんだろう。

鈴木　そうですね。結局革新って言葉も古くさいけど、革新はマジョリティを崩すスタンスですから、マイノリティであることが出発点ですよね。でもマイノリティが声を挙げようとしても、人数が動員できない。声が小さい。だから、いくつものイシューをまとめて人を集めようとしてきたって経緯があるんだと思います。労働問題だけじゃデモの人数が足りないから、じゃああっちのイシューの人もこっちのイシューの人も、アンチ体制のマイノリティを集めて、色とりどりのプラカードを一斉に掲げると。

だけど、やっぱり従来の左翼が行ってきた運動には失敗が多くて、それを脱しないとダメですよね。右左関係ないというか、本来だったら貧困問題って労働問題とかを超えて国力の問題だから、右翼の人たちがもっと発言しなきゃいけないんです。労働力がなくなるよとか、海外の経済に蹂躙《じゅうりん》されますよとか、国防論の観点から反貧困を訴えることだってできたはず。貧困問題を無視する奴は国賊だ、ぐらいのことを言ってほしい。

阿部　現時点での貧困問題は、かなり左イシューって思われてしまってるんでね。

鈴木　そうです。でも違う。脱貧困は本来、右イシューとしても発信されないといけない。阿部さんの本の読者に関しても、僕の記事の読者に関しても、結構、右左いろんな人が反応すると思うんですよ。左右の偏りからは、本当に早く脱したいですね。

阿部　そこはどうしたらいいのかな。

政治家も官僚も、世論を恐れている

鈴木　結局は、やっぱり阿部さんの言う、「全員が責任を持ってるんですよ」というところなんじゃないですか。貧困問題に本気で取り組む政治家を選挙で選出してこなかった国民の責任。でもだからといって、毎度投票率は低いし、本当に任せられる政治家もいない気がしてなりません。じゃあどうすればいいのでしょう。

阿部　いろいろ問題のある政界ですけれども、私たちは政治家をうまく使うということも考えなきゃいけない。実際、例えばネットや新聞報道で大きな話題になったとか、NHKスペシャルで報道されたとか、そういったことがあるたびに、永田町も霞が関もてんやわんやなんですよ。「わー、炎上している、どうしよう、どうしよう、どう火消しをしよう」みたいなてんてこ舞い。

鈴木　そんななんですか。それは意外ですね。

阿部　火消しに走り回る役人もいれば、その騒ぎにどう上手く乗ろうか企んでいる国会議員もいる。いわゆる世論を、ものすごく見ているんですよ。で、ずうっと議論してきて決めたことが、それを否定するような報道が一個出ただけでおじゃんになってしまうぐらい、ほんとマスコミに翻弄される。一つの報道やネットの炎上ごときであたふたするな、どーんと構えてろって思うんですけど、彼らはそんなことないですね。

昔の官僚はそうじゃなかったのかもしれない。もうちょっと自分たちの考えで政策を進めていたのかもしれないんですけど、今の官僚は政治家にすごく翻弄されてますよ。そして、政治家が見ている相手はマスコミです。マスコミだけです。

鈴木　ということは、どんな議員を選ぶかも大事だけど、選んだ議員がどう動くのかは、僕らが思っているより世論、というかメディアによって左右できるということ？

阿部　なのでマスコミはもちろん、そのマスコミが気にしている私たちの目というものは、すごく強い武器なんですよ。みんなが思っているよりはるかに影響力がある。だから、一番問題なのは政治的無関心です。無関心じゃなくて、自分はどうしてほしいのか、要望をどんなかたちでもいいから発信していく。それが例えばChange.org（注6－7）のクリック一つでも、いいね！の一つでも、いいんです。何もやらないのと比べて、全然違うんですよ。

鈴木　それは僕も蒙《もう》を啓《ひら》かれた感じです。政治家も庶民と変わらず、すごく小さなことで右往左往してるってことですよね。

阿部　本当に一つの問題をよく勉強していて、そのエキスパートのような政治家がいれば、どんな報道やネットの反応があろうとも右往左往しないんですけど、みんなそこまで勉強する時間もないし、いつもてんやわんやなんですよ。だから本当に、チャンスですよね。逆にうまく回せば、すごく動いてくれます。

鈴木　言い換えれば、立法はただで動かせるんですね。

阿部　だけど唯一動かないのが財務省で、彼らはお財布を握っていますからね。法律をつくるのは簡単なんですが、その運用には財務省の判断が必要。でも財務省をも渋々ながら動かすことができるのは、やっぱり世論の力だと思います。どんだけ新聞とかテレビとかに騒がれるかです。新聞やテレビ、そして最終的に国民感情をどれだけ動かすことができるかなんです。

鈴木　なるほど。最後に動くのが財務省。その財務省を動かすのも最終的には世論。たかが世論、たかがメディアって思ってきたけど、責任重大ですね。新聞屋さんならともかく、正直僕はあくまでフリーランスの雑誌記者上がりですから、まさかそこまでとは考えたことがなかった。具体的には、新聞の論説委員みたいな人が発言していけばいいということでしょうか。

阿部　もちろん無視されますよ、最初のうちは。でも、続けていけば大きなパワーになり得る。風が吹き始めたら、「予算をカットしなきゃいけないのはやまやまなんですけど、とにかく世論が厳しいんで」となったりするものなんです。私たちには意外と力があるんです。

子どもの貧困対策に限って言ったって、法律ができたのも二〇〇八年以降の世論の盛り上がりだと思うし、児童扶養手当の二人目以降の給付額アップや父子世帯を対象に加えたのも、具体的なイシュー別にマスコミや議員や世論に働きかけてきた人々がいたからです。だけど、世論は逆風にもなる。生活保護バッシングなんかが典型的ですけど、世論が逆方向を向いて吹いているときには、どうあがいたって政策が拡充されることはないし、いとも簡単に厳しい方向に改悪されます。

芸能人生活保護受給騒動と年越し派遣村

阿部　そもそも貧困問題や生活保護の問題は、政治のビッグイシューじゃないんです。もうマイナーマイナーマイナーイシューなんですよ。ですから普通の政治家は貧困問題には手を出さない。貧困問題で自分をアピールしている議員以外は、基本的に興味を持たないんです。

そういう状況で、貧困について国会で取り上げられるためには何らかのきっかけが必要で、そのきっかけはやっぱり話題になったということなんですよね。例えば、生活保護の不正受給に関しても、お笑い芸人の河本準一（注6－8）さんの問題が報道されて、片山さつき議員などが国会で取り上げたことで政治問題になったわけで。

鈴木　そうか、もしかしたら、「年越し派遣村（注6－9）」の影響もあったのかな。

阿部　そうですね、年越し派遣村がテレビで取り上げられたことで、「もしかして経済やばいのかも」「うちのお父さんだって派遣になるかもしれない」といった雰囲気がつくられたのは確かですね。厚労省は年越し派遣村なんてまったく気にしていなかったのに、政治家が取り上げるようになったから、最終的には厚労省も何らかの対策をとらなければいけなくなりました。

鈴木　じゃあ決して無駄ではないのかな。本音を言うと、年越し派遣村が話題になったとき、もう十年も二十年も前から炊き出しに並んでるおっさんどもは取材しないで、新たに現れた若年層、二十代三十代で炊き出しの列に並んでいる人だけをインタビューしたじゃないですか。今まで無視してきた貧困をいきなりコンテンツ化したことにむちゃくちゃ頭きたんですよ。

阿部　私もそういうイメージですよ。今までずっとやっていたことで、今年はじめて日比谷公園でやったわけじゃないんだよ、みたいな。でも、結果的にはそこで政治が動いたわけです。「日雇い労働者」という言い方ではなく「派遣」という言い方がなされたことも大きかったと思います。

鈴木　なるほどです。正直、投票率を上げるとか、現状の組織票団体にイシューを変えさせるなんて、絶望でしかないと思っていたんですが、政治を動かすのは投票行為だけじゃなく、世論もあるということなんですね。少し光明が見えた気がします。

（注6―1）**腐女子**　男性同士の恋愛を描いた小説や漫画などを愛好する女性のこと。

（注6―2）**スクールカースト**　学校（主に中学校、高校）のクラスにおいて、対人関係能力や容姿などの優劣によって各人が格付けされ、階層が形成されること。インドのカースト制になぞらえた学級、学校内階層を意味する。

（注6―3）**仁藤夢乃**　一般社団法人Colabo代表。一九八九年生まれ。家庭や学校に居場所がなくなった十代の女性に対し、食事の提供や、シェルターでの保護・宿泊支援などを行っている。

（注6―4）**女子高生ビジネス**　JKビジネスとも。女子高生との二人きりのコミュニケーション、体のふれあいを売りにするサービス。JKリフレ（簡易マッサージ）、JK撮影会（女子高生に水着や制服などを着せて二人きりで写真撮影を行う）、JKお散歩（女子高生と共にカラオケボックスなどに行く）など。

（注6―5）**日本会議**　一九九七年に設立された保守団体。〝美しい日本の再建と誇りある国づくり〟を掲げ、政策提言と国民運動を行うとしており、政治的な影響力を持っていると言われている。

（注6―6）**ナマポマンセー**　インターネットスラング（俗語）で、ナマポは「生活保護」、マンセーは「万歳」を指す。

（注6―7）**Change.org**　社会問題や環境問題などさまざまな問題に対して、利用者がキャンペーンを立ち上げてオンライン署名を集め、提出することができるサイト。

（注6―8）**河本準一**　お笑いコンビ「次長課長」の一人。二〇一二年、母親が生活保護を受けていることが、違法ではないのにもかかわらずバッシングの対象となった。当時河本氏の年収を五〇〇〇万円とする報道もあったこともその一因。自民党の参議院議員である片山さつきらもこの問題を追及した。

（注6―9）**年越し派遣村**　NPO法人「自立生活サポートセンター・もやい」の事務局長だった湯浅誠氏を「村長」として、労働組合や支援団体「反貧困ネットワーク」などが設立した、貧困層の避難施設。二〇〇八年十二月三十一日から二〇〇九年一月五日にかけて開設され、失業者五〇〇人への炊き出し、生活相談、生活保護受給の案内などを行った。

第七章

財源をどこに求めるか

住宅手当、児童手当が少なすぎる

阿部　貧困問題を伝えるコンテンツの中で、圧倒的に議論が足りないのは具体的な政策についてだと思うんですよ。最初は「貧困があります、こんなに大変な人がいます、これっておかしいんじゃないですか」でいいと思うんですね。で、今は「私にできることをやりましょう」と子ども食堂などが流行っている。「身近にできることは何でしょう」みたいな話ですよね。私もよくマスコミの取材や講演などで質問されますが、質問で一番多いのが「私たちに何ができますか」ですね。

具体的に一人ひとりが寄付をしたり、子ども食堂を始めたりするのも、もちろん重要なんですが、でも、もうちょっと大きな日本としての貧困対策をどうするかっていうことも考えてほしいんです。

例えば、多くの先進諸国では、家計の中で非常に住宅費が高い人たちに対しては、政府からお金が出る、家賃補助（注7-1）が出る。この話、みんな知らないんですよ。「この事実を聞いて、どう思います？」と問われたときに、「へえ、そうなんだ。外国はすごいなあ」だけで終わらないで、「ならば、日本もやるべきよね。そうであってもおかしくないよ」っていうふうに話が進んでほしいんですよ。だけど、そういった話になかなかならない。

鈴木　耳が痛いですね。僕なんかも現場の当事者の声を代弁するルポライター以上の活動はしてませんが、確かにそうした声をまとめて政策の論として語れている論者が欠けているし、そんなコンテンツも欠けている気がします。先ほど新聞の論説委員が発言すればって言いましたが、そのぐらいのクラスの人にそもそも貧困の実態を知ってもらうことが非常に困難だと思ってきました。

阿部　生活保護についてもそうです。「日本の生活保護者は人口の一・七％しかいないんですよ。アメリカでは一三・〇％いるのに。知ってますか？」と問われて、「アメリカの格差社会ってひどい」といった感想で終わってほしくない。自分たちの問題として引きつけ、「日本では受給できる人が少なすぎるんじゃないかな。日本ってどっかおかしいから、変えるべきことがあるんじゃないかな」と、そこまで話を持っていってほしいんです。

鈴木　耳がメチャ痛いんですが。でも、そうした論にまで踏み込むとメディア的に「企画が通り辛い」のも肌感覚としてわかるのが悔しい。

阿部　難しいことであるのは承知の上ですけれど、そういうふうに政策議論を高めていかない限り、現状の問題はなにも解決していかない。必ずしも貧困政策じゃなくてもいいと思うんです。

鈴木　といいますと？

阿部　住宅補助なんてのも最たる話で、日本では住宅に対して扶助が出るのは生活保護者などごく一部だけなんですけれども、一般にも住宅費で苦しんでいる人がいっぱいいるわけですよね。そういう現実を見ながら、「なんで日本って住宅に対する政策がまったくないんだろう。おかしいよね」っていうふうに話が進んでいくべきなんです。貧困者に対する対策じゃなくて、住宅政策そのものの問題として捉えていく。最終的には、これがしっかりした貧困対策にもなりますよね。

鈴木　なるほど。直接、貧困問題を訴えずとも、貧困解消につながる政策が立ち上がる。

阿部　現状、メディアに出てくる政策の議論はすごく上っ面です。児童手当なんて、なんで一万円とかでみんな我慢してるんだと思うんですよ。理由は、別に子育て対策でも少子化対策でも何でもいいですよ。でも、こんなに少額なのは直感的にもおかしいじゃないですか。「フランスの児童手当はすごい金額が出る」という話はよくメディアでも紹介されますが、そこから「なんで、フランスでできて、日本でできないのか」という話だとか、「やっぱり子育てがこんなに大変なのはおかしいよね」とか、そういった話をもう少ししてほしいんです。メディアでもネットでもいいですけどね。

鈴木　いや、そのメディアというか記事はつくりましょう。今どうしようもなく耳が痛いんです。なぜかというと、僕のみならず記者業の人間は、海外はどうなのかという比較や、数字を見てどうのっていうのが苦手なケースが多くて、とにかく当事者のことを伝えて、政策的なことに関しては専門性の高い人たちの中でやってくれと、話を丸投げしているんです。そもそも密度の高い当事者取材をやっていたら、論を出している余裕なんかないし、論を出すのはルポの現場を引退した先生方でやってくれよと思う。

でも一方で、現場を離れて取材もしてないのに論だけ語るジャーナリスト先生に対しては、老害じゃんって感じで少し白い目で見てる。それはやっぱりよくないことですね。実際そうやって現場を知らんジャーナリスト先生が書いたものはコンテンツ力としても弱いし、だったら現場報道だろうと。

阿部　この手の話を興味をもって聞いてくれる人がどれだけいるか、ですよね。受ける人がいないから記事もない。そうも言えますもんね。

鈴木　そうだけど、そう言っているだけではいけないと、僕、思いました。難しい話を読みたいと思える企画にするのもプロの仕事ですからね。

日本人は税金をきちんと払ったことがない

鈴木　今、阿部さんはフランスの例を出されましたが、あの国は住宅支援の他にもいろいろ手厚いそうですね。その財源って、どうなっているのですか？

阿部　手厚いのはフランスだけじゃなくて、欧州を中心にあちこちあります。政策の財源は基本的に税金です。それは社会保険料という名前かもしれないし、所得税なのかもしれないし。

鈴木　消費税かもしれないのか……。

阿部　そうです。○○税という種類はいろいろなんですけれども、基本的には税金です。で、日本人は税金を払ってないんですね。国民がどれくらい税金を払っているのかっていう一番簡単な指標として国民負担率というものがあります。これって、社会保険料と税金の総額の国民所得に対する比率なのですが、さっき話に出たフランスではこれが六八・二％なのに対し日本は四二・二％で、ＯＥＣＤ三四カ国中下から七番目です。だから何もできないんです、お金が足りないから。そこの壁を崩さない限り、絶対何の対策もできない。

鈴木　その界隈の思考について、ちょっと僕、自分の中で勝手に非科学的な結論をつけちゃってるんですけども、聞いていただけますか？　諸外国と比べて日本がなんでこんなに税が安くて社会保障が薄いのかというと、日本って先進国になったことが実はないんじゃないかなと僕は思うんです。敗戦国ですから、帝国主義時代に侵略の歴史を途中で断念しましたよね。それはそれで良かったと思ってはいますが、やっぱりヨーロッパの国々というのは真っ先に産業革命を起こし、帝国主義社会でアジアやアフリカからたくさんの収奪をして、その中で社会基盤を百年ぐらいかけてつくりましたよね。道路も水道も橋も鉄道も、遡れば国外から奪った富でつくらせたものと言っても良い。

でも日本は明治からいきなり近代化して敗戦じゃないですか。敗戦後になって、社会基盤を改めて整えていきました。だから戦後の土建政治のすべてを否定することはできないし、上下水道の整備から交通網や治水砂防整備等々、高度成長の中で自腹で頑張った経緯があるわけじゃないですか。そうしてやってきたけど、国が右肩下がりになるまでに福祉とか住宅政策とか、そういうところに辿り着くことができなかったんじゃないかと、思っているんです。エビデンスないし、侵略の歴史がなかったなんて言うと、怒っちゃう人もいるでしょうけど。

阿部　少なくとも、あんまり長く侵略してはいなかった。

鈴木　そう、長くはなかった。一瞬で終わっちゃったんで。だから収奪によってつくるものがなかったんじゃないのか、と僕は思ったんです。

阿部　それはあるかもしれませんね。私も歴史学者でもないし、政治学者でもありませんから、そうかもしれないなあというふうにしか言えないですけど、確かなのは、日本人は税金をきちんと払ったことがないんです。これは前の世代になればなるほどそうです。みんな貧しかったからというのもあるんですけどね。なので、日本人は税金を払うことに慣れてない。それでみんなすごく抵抗があるんでしょうね。消費税が八％か一〇％かでワーワー言ってるんですから。

鈴木　消費税絡みの話が出ると、絶対に累進課税だとか法人税のほうでなんとかしろって話が出ます。日本の累進課税の累進度、法人税率は、諸外国に比べたらどうなんですか。

阿部　日本の累進度は低いですよ。アメリカなんかはビル・ゲイツみたいな人もいっぱいいるわけじゃないですか。所得の一番上のほうの人の所得が滅茶苦茶高いんですよ。なので税金もそこからたくさん取ったりしてるわけですよね。日本の場合はそこまでリッチな層は小さいので、比較的にフラットな税金の課税の仕方です。

ただ、この二十年間、三十年間でその累進度がどんどん低くなってきた時期があります。

昔は最高税率が七〇%とかだったときもありましたが、平成一一年に最低の三七%となり、今は、四五%まで上がってきています。

鈴木　法人税に関しては？

阿部　法人税に関しては、よく言われる議論が、法人税は諸外国並みに下げなければいけない、というものです。日本は高い。

鈴木　それは経団連的なところにぶら下がり的なジャーナリストの御用オピニオンかと思っていたら、実際に高いんですね。

阿部　高いために海外からの投資が来ない。誘致ができない。外に行ってしまう。法人税が安い韓国とか台湾とか、向こうに行ったほうが日本にベース置くよりいい、アジアの拠点が他国になっている、というふうに言われていますね。だから、どんどん下げなきゃいけない、と。

私は税の素人ですが、ほんとにそうなのかなあと思うところもあります。ほんとにみんな外に行っちゃってるのかなあ、と。でも、その見極めは難しく、なかなか論破できない。ただ、全体的に見て、税金を払ってないというのは確かですね。

鈴木　そうなのか……。こんなにも個人の税が重いってみんなボヤいているのに。

阿部　日本の場合、低所得者の人は他国の低所得層に比べて給付も少ないし、社会保険料など逆進的な負担もあるので、負担が多いぐらいなんです。ただ、中間層以上の人たちがあまり払ってないんですよ。例えば年収五〇〇万とか六〇〇万ぐらいの人たちで、そんなに生活が楽なわけじゃない。なので消費税を何％上げますとか言われたら、みんな「ええっ」と思うでしょうね。ですけど、そこの層が払っていかない限り、財源は増えない。ピケティが言うみたいにすごい富裕層だけに課税して、それでなんとか国が回っていくというのは、日本の場合ありえない。ですから、中間層がもっと負担しなきゃなりません。それを納得してもらうのはすごく大変なことです。

鈴木　でしょうね。結局階層間の景色が共有できてないという話で、中間層の人間は「隠れた富豪がいるに違いない」って思っている。東京を足下に見ながらワイングラス揺らして猫を膝に置いているガウン姿の誰かがいるだろうと。それが日本には思ったよりいないって話か。

六割の人が「生活が苦しい」と言っている

阿部　一九八六年から厚生労働省がやっている調査で、一般の人々に「おたくの暮らし向き

中流社会から不安社会へ：生活意識の推移

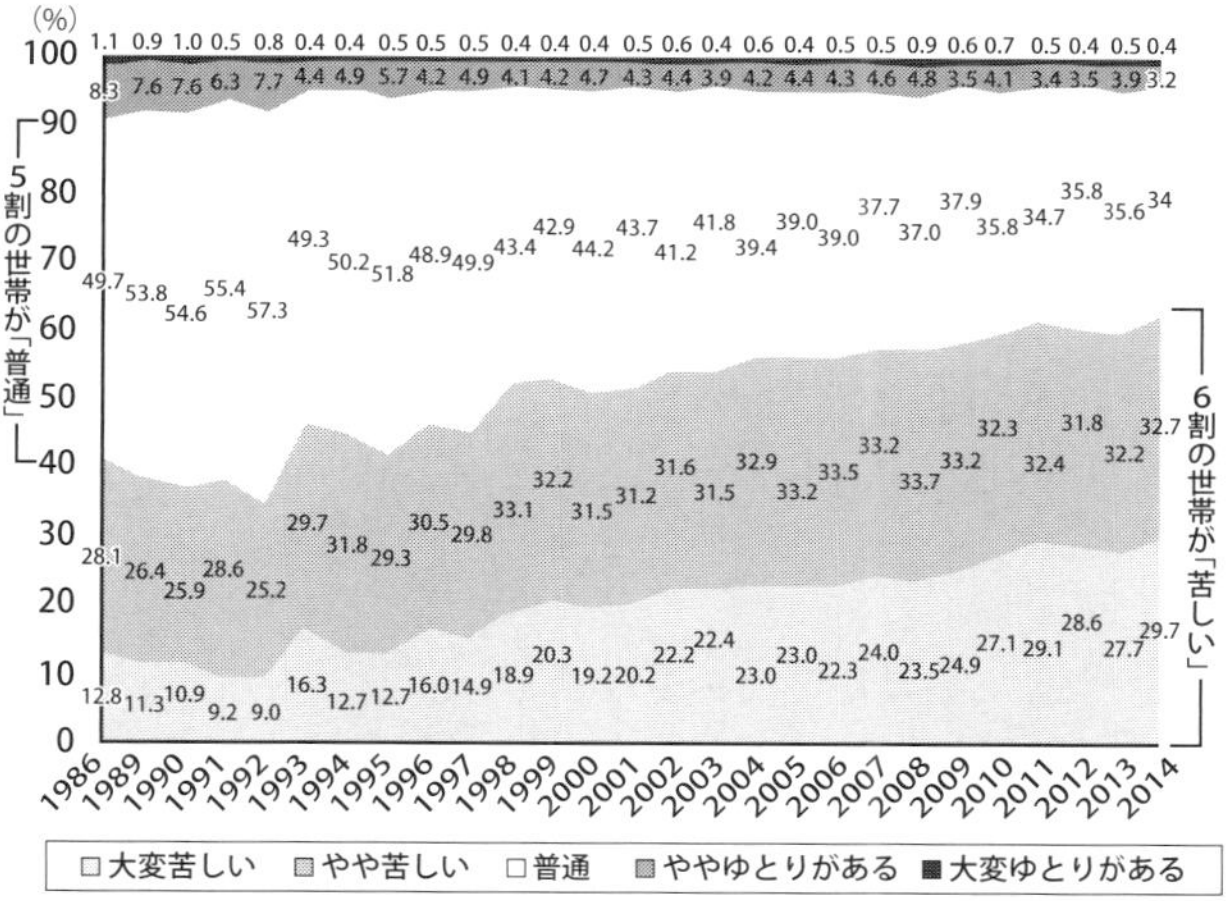

出所：厚生労働省（2017）「平成28年国民生活基礎調査　結果の概要」

はどうですか」と五段階で聞いたものがあるんです。八〇年代は、約半数以上の人たちは「私の生活は普通です」と答えているんです。もちろん、これは自分で答える調査なので、「ゆとりがある」と答える人はすごく少ないですよ。どうしても下方に言うバイアスがありますので。

でも、今は六割の人が「苦しい」と言ってるんですね。相対的な貧困の考え方からすると、過半数の人が苦しいというのはおかしいんですよ。周りの人と同じような水準の生活ができていないというのが、相対的貧困の概念ですからね。だから、過半数が「周りの人より下」になることは論理的にありえないですよね。

ですけど、今実際の人々の感覚だと六割の人が苦しいと感じている。
これは、おそらくその苦しいときの比較の対象といいますか参照基準が、周りの人じゃないんだと思います。過去の自分との比較だったりとか、「自分はこれがなくてはならないんだ」というふうに思っていること、強制的消費と言うんですけど、そこに自分の所得が追いついていないなかったりとか。例えば家族全員スマホを持っていなきゃいけないとか、子どもは塾に通わせなきゃいけないとか、結婚式に行ったら最低三万円包むのが常識でしょとか、そうしたことを賄うことが、自分の所得では足りないという状況なんだと思うんですよね。

鈴木　空気を読めという圧力もありますしね。

阿部　同調圧力ですよね。周りがみんな持っているのに、自分だけスマホなしだと、友人関係が保てないとか、ましてや、子どもに関しては、うちの子だって大学に進学させたいから そのためには塾にも入れなきゃいけないし、模試も受けさせなくてはいけないし……。その「周りのみんな」も、結構、そういう生活レベルを保つのが大変であっても。
ですから、この意識を変えるのは非常に難しい。でも、これがあるがために日本は今前に進めない。六割の人が苦しいって言っていれば、税金を上げられないですよね。上げたら反発必至ですものね。税金を上げる話をすると、すごく人気がなくなります。私も、講演会とかで「消費税は上げてもいいと思います」と言ったら、野次が飛んでくるぐらいですから。高齢者も「私たちはこんなに苦しい年金生活者なのに」って言ってくるし、若い人たちももう「自分たちが一番割を食ってる」みたいな話をしてるし、子どもを持ってる世帯も「本当に子育ては大変なんです」って、みんなそう言うわけですよね。

その大変なんだって感覚は本当だと思います。六割の人が「苦しい」と言っているのも疑いはしない。ですけど、みんながそう言ってたら、どうにもならないんですよ。財政難ですので、結局、お金がないから何もできませんねとなって、ますますみんな苦しくなるんです。六割の人が「苦しい」という中、苦しくない人だけが負担をするというのはありえません。今の日本の財政状況では無理。

鈴木　持てる者が払う、では無理と……。

阿部　それは例えば、この調査で「大変ゆとりがある」と答えた〇・四％の人たちに集中して課税するの？っていう話になりますよね。強引にそうしたとしても、その程度じゃ、財政的に間に合わない。ですので、本当に苦しい、貧困率で言えば一五・六％（二〇一五年）ぐらいの人たちに給付をしようと思ったら、「大変苦しい」層の半分ぐらいまでの人たちには負担してもらわなきゃダメだと思うんですよ。そうなると、「苦しい」と言っている人たちにも負担してもらう必要がある。そこを突破できない限り、日本はこれ以上前には進めないですね。

鈴木　それはちょっと僕も認識が甘かったですね。そこまで負担の層を広げる必要があるとは、考えていませんでした。

阿部　でも「大変苦しい」って言っている人が三割もいるんですよ。具体的にどこが「大変苦しい」のか、ということだと思うんですよね。結局、私たちの消費生活を変えなきゃいけないということかもしれないし、自分たちよりもっと苦しい人がいることを認識しなきゃいけないということかもしれない。難しい話ですが、三割の残りの七割の人たちだけで、その三割の人を負担するかというのもかなり無理のある話ですよね。貧困対策の対象として三割というのは多すぎると思います。

鈴木　ただ、そこがすごく増えてきているわけですよね。

阿部　でも、生活保護は今、一・七％の人にしか支給されてないんですよ。だから生活保護を三倍にしても五％ですよね。三割の六分の一じゃないですか。今の三倍にしてもですよ。なのでやっぱり、問題の大きさを考えると絶対無理なんですよね。

「国の無駄遣い」という批判

鈴木　社会保障が充実した他国に比べて日本が税金を払えていないというのはわかりました。けれどもその生活が苦しいといっている三割が納得するためには、本当に財政が苦しいということを納得してもらう必要があると思います。「消えた年金問題(注7-2)」もありましたが、結局財政が苦しいのは今まで無駄遣いをしてきたからで、今も同じような無駄遣いがあって、それをなくせば増税しなくても回るんじゃないのっていうのが、平均的な市民感情かと思います。

阿部　確かにどの人と話しても、「無駄遣いがあるんだろう」って言われますよ。それで、「防衛費を切ればいい」だとか。

鈴木　思います。思っちゃいますね。どんだけアメリカから兵器買ってるんだって、額を聞くと真っ青になったあと、真っ赤になります。頭に血が上って。

阿部　「公共事業が悪いんだろう」とか言いますよね。でも、地方に行けば、「新幹線はいつ来るんだ」「堤防を造らなきゃ困るんだ」っていう話をしている。防衛に関しては、中国が攻めてくると思って、強い危機感を持っている人が少なからずいるし、なんですよね。なので私は、別に無駄遣いしようと思って使ってるわけじゃなくて、みんなが「必要だ必要だ」

と言っているから、結局のところ全体で足りなくなってしまっているんじゃないかと思います。東京五輪もすごくやるべきだと思っている国民がたくさんいて、実際に開催が決まったわけじゃないですか。膨大なお金がかかるのに。

自分たちが要らないもの、価値を見いだせないものについて、「あれ無駄遣いじゃないか」と言うのは、すごく簡単なんです。けれども、それで政治をやっていたら、予算の取り合いになって絶対に前へ進まない。だって障害者の人は障害者福祉の充実はすごく重要だと主張し、高齢者の人は「年金を絶対カットしちゃいけない」と言い、健康に不安のある人は「もっと医療を充実させてください」と思う。みんな「自分のところは絶対に切らないでください」って言ってる以上はどこにも動かないと私は思うんですよ。

鈴木　そうですね。僕も、そこを説得しなきゃいけないと思います。それが貧困問題が理解されない最大の理由である、ということですよね。

ただ、六割が不安、苦しいと思ってる状態で、理解してもらうってやっぱりすごくハードル高いと思うんですね。理解されない理由の最大のところが無駄遣い感。ほんとに足りないの？っていう疑問。やっぱりそこを納得してもらわなきゃいけない。

阿部　そこはちょっと別問題でもあるかもしれませんよ。自分の生活が苦しいから、貧困問題のドキュメンタリーを見て、「あれは贅沢なんじゃないか」っていうような、そういった理解のなさが生じるというのが一つ。あと、政府に対する不信感というのは、貧困対策で出した税金を実際にちゃんと使うのかどうかという話ですね。そこは二段階に分けて考えたほうがいいのかもしれません。

鈴木　それはどうでしょうか。なんかいくつもの感情がミックスされてる感があるんですよ。例えば貧困者をバッシングしてる人たちの中には、「自分らも辛い」という思いと、「自分らが負担したところでそれがちゃんと届くのか」という不信感があるんじゃないかな。それこそＯＤＡなんかと同じで、投げても届かないんじゃないか、そもそも自分らが負担しなくても削れる支出が国にあるじゃないかって不信感、自分の生活の辛さと全部合わさってる気がするんです。まとめてしまうと「国は信用できない」です。稚拙だけど。

国民が「社会保障は充実していない」と考える理由

阿部　私は別に政府の味方をするわけじゃないですけれども、不信感は政府の責任というよりは、むしろ政治家の責任だというふうに思うんですよね。政治家が「うちのところは絶対新幹線が必要です」とか、「みなさんの生活を良くします」とか、うまいことばかり言うから。消費税アップについても、「現状維持するだけでも、全然足りないんです」「借金を返さなきゃいけないんです」ってちゃんと言わないで、「皆様の生活を良くするため」とか「社会保障を充実させるため」みたいなことを言ってるから、「充実しないじゃないか！」という不信感を生んじゃうんですよね。実際、借金の穴埋めしなきゃいけないっていう大問題があるのに。

ただ一方で、そのように訴えないと当選できないという現実もある。「あなたたちも自分の腹を切らなきゃいけないんですよ」みたいな、そういったことを言うガッツがある政治家もいないし、そういったことを聞きたいと思ってる国民もいないんですよね。そこまでやはり日本の民主主義が成熟してないのかな、と。

そこで、「いや、あなたの辛いのもわかります。ほんとに大変ですよね。でも、こっちの人もこういうふうに辛いんです。ここもこうしなきゃいけないし、日本の財政もこれ以上将来の世代にツケは回せないんです。だから私たちはここをこれだけカットします。なので、すみませんが、あなたはここをカットしてください」というように納得させられるような人……。

例えば、民主党の最後の首相だった野田佳彦さんは「自分の政治生命を懸けて消費税を上げる」って言ったのに、今は延期されてしまっている。それってすごく頭に来るところだと思うんですよね。でも、そこで国民を納得させ、推し進めることは、やっぱりカリスマ的な政治家じゃなきゃ難しいんでしょうね。

でも現実としては、「社会保障は一向に充実されないよね」と思っている人は少なくない。私もそういう声を聞くことがあります。

実際には、例えば五%が八%になったときの消費税の増税分は子育て世代のところに入ったんですよ。借金の補塡分に一%行って、二%が子育て支援のほうで使われた。そのあと、児童手当も拡充していますし、保育所のほうでも使われています。

でも、「一万円振り込まれました」というレベルで話をしてしまうとおそらくダメなんでしょうね。例えば、じゃあ、そこで生活保護制度の拡充のために税金が使われたとしますよ。そうしたらおそらく生活保護を受給していない九八%の人は何の利益もないはずですよね。でも、拡充してよかったねっていう、そういうふうに思わなきゃいけないじゃないですか。政府、政治家は、国民にそう思ってもらうように説明しなければいけない。そこができていないというところはあるでしょう。

鈴木　ああそうか。ようやくなんとなくわかったんですが、これはメディアのせいかな、って僕は思います。なぜかというと、おそらくその説明義務を国が怠っているわけではないんです。説明はしている。ただ、官の人たちの言葉というものが民に届くためには、一回通訳を通さなきゃいけないんです。お役人の言葉は難しいですからね。前提として国の仕組みもわかっていないと理解できない言葉も多い。だから、わかりやすい通訳を介して、説明義務を果たしてますよって国民が理解できる言葉で伝える必要がある。民間だったら必ず行われている成果報告。何をやった結果、こういう成果が出ましたという報告もよく届いてないんです、国民の体感的には。株主に年次報告しない経営者みたいな感じにね。

では誰が国民みんなにわかるように翻訳をするのか、それはメディアの役割でしょう。官に寄ったメディアは御用新聞などと言われ、最も嫌われていますが、もしかしたら御用だっていいのかも。何と呼ばれてもいいから、ちゃんとわかる言葉に通訳、翻訳して国民に届けないと、この不信感というのはやっぱり、

阿部　消えないですよね。

鈴木　ところが現状、やっぱり不信感ベースのメディア報道しかないと思うんです。今、子育て世代への手当てがどのぐらい行ったかという話がありましたけども、一方で震災の復興予算が滅茶苦茶な使われ方をしていたというのもありましたよね。国がなした成果よりも、なさなかった不義を暴くのがメディアみたいな幻想があって、それだけじゃダメなんだ多分。

復興予算についても、海外にＯＤＡ支援したら地元の軍事政権が持っていっちゃったというのと同じような感情がある。そうじゃなくて、ちゃんと届いてるところにはこういうかたちで届いてるんですよ、という説明がない。届かなかったケースを中心に報道されるんです。

生活保護も、無駄が出て当然

阿部　そうですよね。政府が恐れるのは批判されることなんですよ。少しでも批判されることはいやがる。でも、マスコミのほうは悪いことばっかりを報道したがるから、政府のほうもオブラートに包んだようなあいまいな報告しかしない。

会社もそうですし、普通の家計もそうですけど、例えば一〇〇のお金があって、一〇〇すべてがよく使われるなんていうことはないんですよね。無駄なところも出てくるんですよ。その無駄なところを叩かれるから情報を出したくないんですね、官としてはね。「国民の血税だから絶対に無駄なく使わなければいけない」とか、ちょっとでも違う使われ方がされていたらマスコミが滅茶苦茶叩くじゃないですか。そりゃ、萎縮しますよ。

生活保護も同じだと思うんですよね。生活保護でも一人悪い人がいて、一人不正受給をしていたら、そこのところばっかり叩かれます。けど、二〇〇万人以上も給付をしていれば、その中に悪い人だって混じっているわけですよ。だから無駄が出て当然、それは普通のことだと思うんですけど、官がやることで無駄は絶対に許さないという見方があって。

鈴木　勧善懲悪が大好きな日本人の気質そのものが問題のような気がしてきましたね。

阿部　ＯＤＡも私、昔、仕事をしていましたけども、その中にはもちろん一〇〇％向こうの皆様の役に立つものばっかりじゃないですよ。独裁政権に行っちゃうときもあるし、一所懸命やってもそれでも無駄になってしまうこともあるし、失敗する事例もある。一〇〇の村を支援したら、一の村に悪い村長さんがいたけれど、九九の村ではうまく使われたから、それぐらいでいいじゃないかというところだと思うんですよね。そのくらいが現実的じゃないですか。でも、一〇〇％成功じゃなかったらダメだって言われちゃうわけですよね。

鈴木　やっぱり俯瞰できてない。預けたお金がどのようになってるのか俯瞰で見ることができないというのがある。逆に一番見えてる人たちって、例えば土木会社の社長さんなんかがそうだったんでしょうね。投票の結果が、このような事業として返ってきました、というレベルで全部見ている。

一般の人たちにはやっぱり見えづらいというのがあって、その無駄遣い感覚もすごく肌感覚的なものです。例えばお役所が使っているパソコンあるじゃないですか。お役所が使ってるパソコンは高いんですよね。中古のパソコン市場や自作パソコンだと三万円で買えるパソコンを三〇万で納入してたりするわけです。民間に開発させたら、もしかしたら五万円ででできるかもしれないシステムが、何百万もしていたりするわけです。しかもその部署以外で使えないシステムだったり。そういうところが無駄遣いしてるんじゃないかという肌感覚として不信感のベースになっている。

それは両方努力しなきゃいけないですよね。民間も実態を知らなきゃいけないし、官の人もどのぐらい節減できるのかというのを本当に一部署レベルからやらなきゃいけない。そしてその結果を、きちんと民にわかる言語に翻訳して報告しないといけない。

阿部　肌感覚ってすごく怖くて、パソコンの話でも、一応どこの役所でも制度的に入札で価格競争させてはいるんですよね。その中で一番安いのを採用しなきゃいけないって、そこらへんは今ものすごく厳しくなっています。一方で、もし、入札した結果、失敗して「安かろう、悪かろう」のものになっちゃったら、それもそれで叩かれる。なんできちんと品定めしなかったのかって。

それって、それこそ貧困ドキュメンタリーに出た女子高生の使っているモノが「高そうに見える」だとか、「これでほんとの貧困か」だとか言ってるのとあんまり変わりないような

気がするんですね。肌感覚なんですよ。なので両方ともやっぱりもう少し、

鈴木　歩み寄りですね。

阿部　寄っていく必要があるなと思うんですよね。

鈴木　そう考えると、やっぱり政府と民の距離感がすごく遠いですよね。この距離を少しでも縮めないと、貧困問題に行政が動いてもらうのも難しい。

ただし僕、かなりいろんなところであきらめちゃってる部分があって、貧困とか不信感とかそういう部分部分を全部含めたかたちの充実したコンテンツにすると、読者のほとんどが脱落してしまうんです。だからもうピンポイントで子どもの貧困、女性の貧困というものの状況を描写して、ほんとにシングルイシューでやらないと伝わらないという感覚でやってきた。

ただ、それじゃやっぱりダメなんです。最終的にやるべきことをやっている政府があって、それを知らない国民もいて、理由のない不信感みたいなものがあちこちに蔓延《まんえん》してるのだから。そこを解決しないといけない。貧困問題が可視化しない最大の理由も、実はそこかもしれない。

年金制度のマクロ経済スライド方式は画期的

阿部　じゃあ、読者ウケしそうもないテーマ、だけど絶対に外せない少し面倒くさい話をココでさせてください。

鈴木　はい、ひとまずこの本で可視化しましょう。どういうお話ですか。

阿部　日本の年金制度です。二〇一五年からマクロ経済スライド方式（注7-3）が導入されたのって非常に画期的で、将来の年金の給付を下げるという選択をしたのは日本だけじゃないかなと思います。年金を受け取る人は、すごく長期にわたって保険料を払ってるわけじゃないですか。だから権利意識が生まれて、生活保護みたいにちょっと制度を変えます、ってなかなか言えないところもあるんですよね。生活保護のお金は税金から来るので、俺は今まで四十年間払ってきたんだからもらって当然だ、というような権利の主張ができないじゃないですか。ですけど、年金はありますよね。その世代ごとに強い権利意識があるわけです。

　でも、マクロ経済スライド方式が入ったというのは、将来的には収支がバランス良くなるように変えていきましょうということです。そのために、年金給付額が少なくなっていくことがありえます。この結果、高齢期に年金だけで生活していけなくなる人がもっと多くなるかもしれない。生活保護でカバーできる規模ではありません。そうなるとやっぱり入れるほうのお金を増やすことでバランスを取るしかない。今、一番やらなきゃいけないのは、どうやって社会保険料を増やすか、そっちのほうですよ。それが先延ばしになってる以上、何もできないです。

財源は消費税——高齢者の納税額が少なすぎる

鈴木 でも、社会保険料の負担はすでに大きすぎるぞと反発は必至です。現状、財源としてはどんな案が出てるんですか。

阿部 一番テーブルに上がってるのは消費税ですよね。

鈴木 それは阿部先生自身もそうお考えで？

阿部 もちろん消費税アップだけだと低所得層の方々たちが辛いことになるし、批判がたくさん出てくるでしょう。私は所得税などもアップする必要あると思います。でも、所得税などのアップだけでは、絶対に足りない。なので、消費税もアップしなきゃいけない。

鈴木 消費税の増税はマイナスイメージばかりですよね。

阿部 消費税アップの利点は、所得を稼いでいないで消費している人にも税金が課せられるところですよ。つまり、高齢者です。今、年金への課税が少ないので、高齢者の方々はあまり所得税を払っていないんですよ。なので年金への課税率を高くするといった案もあるかと思いますが、そもそも所得税は課税ベースで見るとかなり少ないんですよね。課税ベースというのはそれを払う人たちの人口に占める範囲です。ちなみに金融資産税を払っている人の割合はもっと少ない。相続税なんてもっともっと少ない。

比して、消費税はほぼすべての人が何かしら対象となります。誰でも、消費はしますからね。

鈴木　日本の消費税の導入は遅かったですよね。一九八九年スタートだから、消費が激しかった八〇年代や高度経済成長期に消費税はなかった。竹下内閣のとき三％になるって決まって、我々はみんな文句を言いました。一〇〇円でジュースは買えなくなる、とか。本来は一〇〇円以上払っていなけりゃいけなかったという認識は、誰にもなかった。

阿部　確かに、低所得者も同率の税金を払うのは腑に落ちないと思う人も多いですけど、たとえ同率であっても、やっぱり金持ちはいっぱい消費をするし、そうじゃない人は自分の予算制約の中で消費をするから、払う消費税だって金額的には金持ちのほうが多い。もちろん、消費税が所得に占める割合といった点では金持ちのほうが少ないですけど、誰でも同額の国民年金保険料なんかに比べれば、全然逆進的じゃない。そういうことをトータルに考えれば、消費税は絶対外せないオプションだと思いますね。

左系の人は消費税は逆進的だからいけないと言いますよね。右系の人は経済が鈍化するからいけないと言います。みんな反対してるので、上がらないわけです。でも、私は多くの人が反対しているのは、結局のところ、一〇八円のジュースに、一一〇円払いたくない、というそれだけじゃないかな……と感じます。負担の公平性とか経済がどうのこうのとかではなくて、ただ、自分に対する損得勘定で。まあ、給料が上がる見込みがない中、気持ちはわかりますが。

鈴木 負うべき負担、正当化できる負担は、この本の中でも提言しなきゃいけないわけで、消費税アップはコンセンサスを取りたいということですね。

阿部 すべての人にとって苦しくなる政策ですから。でも、すべての人が苦しくならなきゃ、今以上の税金を払わなきゃ、将来は、もっと苦しくなりますから、本当に。

国民年金支給額を減らしていいのか

阿部 社会保障だけでなく、年金への不信感も蔓延しています。おそらく払った分だけ返ってこないということはあると思います。高額の年金をもらっている人たちの年金額をカットするしかないと思うんですよね。結果的に国民の半分の人は、自分の払った分の保険料をもらえない状況になるとは思いますよね。でも、公的年金ってそういうものです。そうじゃないとそもそもたくさんの保険料を払えなかった貧困層の人々に少しでもましな年金額を払えないじゃないですか。これもう単純にゼロサムゲームですからそうなります。

もちろん、年金を減額するときに、低年金者も含めて一律でカットするのは絶対反対です。高額年金者、つまり厚生年金のしかも高い年金額の方から多くカットしなくてはならない。それに加えて、低年金者問題もあります。民主党政権時代には、最低保障年金の話が上がりましたが、二〇一二年には、それをトーンダウンした年金生活者支援給付金という制度がつくられました。ですが、これも消費税アップとタイアップした政策だから、まだ、施行できていません。

鈴木　なるほどなんですが、やっぱり年金に関しても、どうしても拭えないのは、説明義務違反をされてるという強い感情ですよね。そこが腑に落ちない限り、どんな正論も通らないと思うんです。消えた年金問題について、納得いく説明をもらったと感じている国民はほとんどいないんじゃないかと思います。

阿部　私も説明は全然足りないというふうに思います。でも、前にお話ししたことの繰り返しになりますが、やっぱり国は聞こえのいいことを言う。政治家も聞こえのいいことしか言わない。どれほど財政が危ないのか、勇気をもってちゃんと説明してないんですよね。

鈴木　問題は年金について絶望論がはびこっていることでしょうね。今の年金制度はもうもたない。保険型から給付型に変えないとダメなんじゃないか、それは十年、二十年のスパンで起きるんじゃないか、と今の若者でも考えている人はそう思っている。どんな説明も響かないんじゃないかと思うのは、そんな絶望が根底にあるからです。

阿部　でも、そこで変わったって、それまでに払った分がチャラになるっていうわけじゃないですよね。

鈴木　そうなんでしょうけど、どう考えても払うより自分で貯めたほうが良いって考えのほうが主流になってしまうのは仕方ないですよ。

阿部　老後って長いから、二十歳から六十歳まで働いて、八十歳まで生きて、同じ生活レベルを保とうとすれば、単純に計算すると、自分の給料の三分の一ずつをずっと貯め続ける必要があるんですよね。私は自分自身を振り返っても、その自制力があるか不安です。事故に遭ったりして障害を持ってしまったら障害年金をもらえるし、所得が下がったときには保険料免除の制度があったりしますから、民間で貯めたり、保険に入るより、ずっとおトクだと思うんですけどね。

鈴木　結論として、やはり圧倒的に国と国民の対話不足なんだなと、痛感しました。コンセンサスが取れるか取れないかは関係なく、実際に現状の国がどういう状況になっているのか、議員も票を意識せずに現実を発信し、国民もその誠意を評価するような関係性を目指さないといけないということで。

と、それだけじゃ単なる理想論ですが、じゃあ具体的にどうするかと言えば、国民が覚悟を決めることが一歩目ということですよね。議員から、行政から、メディアから、聞きたくなかったり自分たちに都合が悪い現実を知らされても、それを受け止める覚悟。それが必要な段階なのだと思います。

（注7－1）**家賃補助**　ＯＥＣＤの二〇一四年のデータでは、ＯＥＣＤ加盟国のうち三〇か国で家賃補助の制度がある。

（注7－2）**消えた年金問題**　二〇〇七年、年金加入者が納付したにもかかわらず、旧社会保険庁に納付の記録がない年金があることが発覚。消えた年金記録は五〇〇〇万件にも上った。

（注7－3）**マクロ経済スライド方式**　そのときの社会情勢（現役人口の減少や平均余命の延び）に合わせて、年金の給付水準を自動的に調整する仕組み。年金額は賃金や物価が上昇すると増えていくが、一定期間、年金額の伸びを調整する（賃金や物価の上昇ほどは増やさない）ことで、保険料収入などの財源の範囲内で給付を行いつつ、長期的に公的年金の財政を運営する。

第八章

支援者の問題

子どもと児童養護施設、児童相談所の距離感

鈴木　貧困対策の財源はどうするか、といった大きな話をしたところで、もっと現場寄りの問題についてもやらせてください。

阿部　貧困対策に直接携わる人たちの課題ですね。

鈴木　はい、僕がずっと言い続けてきたことの一つに、貧困の当事者と支援者の距離感の問題があるんです。例えば子どもの貧困で、僕は貧困家庭や虐待家庭からドロップアウトしてアンダーグラウンドな世界に入ってしまう子たちを中心に取材活動をしてきたわけですが、彼らの多くが、子ども時代に地域の児童福祉と一応の接点があるんです。

例えば児童相談所(注8−1)、児相にくっついてる一時保護施設、児童委員(注8−2)。あと児童福祉じゃないけど、生活保護のケースワーカー(注8−3)さんとか、地元の警察や学校の養護教員とか。家庭に問題を抱えてきた彼らには、そうした特定の大人との接点があることが多い。けれど問題は、ドロップアウトした彼らのほとんどが、そうした接点のあった大人に対して、反感の感情を抱えていることです。

不良なんだから当たり前って言われることもあるけど、違う。彼らには、そうした大人た

ちが自分たちが苦しいときに助けてくれるどころか、自分たちに苦しい思いをさせたって記憶があるから、毛嫌いしている。そして実はその「ああいう人たちは敵だ」って感情が、その後の彼らの貧困リスクを高めているように思えてならないんです。彼らが大人になり、児童福祉じゃなくて公的扶助やその他のサービスを利用できるようになったときに、そこに斥力が発生してしまう。これが問題です。

ただでさえ子ども時代に得るべきものを得られなかった子の、その後の貧困リスクは高い。けれど彼ら、失職して貧困生活になったら、生活保護より売春を選ぶ。盗みを選ぶ。人を騙すことを選ぶ。いずれにせよ不適切なかたちで自己解決し、お役所経由の公的サービスは受けようとしないんです。自力でなんとかやってるならマシじゃんとは言えないです。なんとかならなくなったときは、彼らは社会的に白眼視の対象で、かつ貧困者という二重苦を負わされるので。

では彼らが子どもの頃、手を差し伸べた大人になぜ反感を覚えるようになってしまったのか。簡単な話ですよね。例えば親の暴力が嫌で家出してきたのに、補導して親元に戻すだけの補導員、児童相談所。自力で食べ物を手に入れたくて万引きしたら、「現行犯」の「窃盗犯」で、殴る親のところに強制送還させられる。居場所がないのに外をふらついていたら、

「徘徊」でこれまた補導対象。貼られるスティグマが問題児童です。

環境があまりにも劣悪で児童養護施設などの社会的養護の手にゆだねられたとしても、小学校年代なら親代わりの児童指導員に懐きますが、中学に上がる頃には齟齬《そご》をきたすケースが多い。これは思春期ということもあるけど、子どもたちが求めていることと施設の先生たちが与えるものにギャップがあるからです。貧困の中で生きてきた子どもたちがまず願うことは、自分の力で生きていくための方法を知ることなのに、先生たちはそれを明確に提示できない。施設の先生たちが子どもたちに与えようとするものは、教育。すぐに現金化できるかどうかわからない教育をできるだけ高いところまで求めようとする。お金がかかっても大学進学してみよう、高校ぐらいは行ってみようといったことを施設の先生たちは目指すし、周りもそれを補助する。もちろんそれで「施設の子でも夢を叶えることができる」ってキラキラした文脈に乗れる子は良いんです。でもそういう子ばかりじゃない。

しかも、施設の先生たちも、子どもを親元に戻そうとしますよね。高校進学後も擁護を継続できるほどキャパがないから。児童福祉の世界では、ながらく家族の再統合がベストの落としどころだと妄信してきた人も少なくないけど、虐待や育児放棄があって、ローティーンの段階で自分の家庭で生きるということに絶望している子からしたら、家族の再統合なんて地獄じゃないですか。確かに小さな子どもは自分の家庭がどんなにひどい環境か理解していないし、親元に一時帰宅すればべたべたに甘やかされたりするし、帰りたい帰りたいって泣く子は泣く。けど、ようやく自分の家庭が異常で、受けてきた暴力は裁かれるものだって気付く思春期になっても、親元に戻れって方針を押し付けるケースもある。

そんなこんなで、貧困ハイリスク層にもかかわらず、「支援」とか「公的サービス」関係の建物を見ただけでも鳥肌が立つみたいな、そんな子が生産されているわけです。僕が取材してきたのはあくまでもう社会からドロップアウトした人たちですから、一部の話かもしれない。けれども逸脱しなかった子も、多かれ少なかれ同じ不信感を抱いていることは確かだと思うんです。

阿部　一時保護施設の子どもの扱いはひどいって聞きますね。

鈴木　ひどいかどうか、僕は子ども側の声しか聞いてないから一概に言えませんが、そうですね。一時保護施設はとにかく子どもたちを自宅に帰さなきゃいけないんです。自分たちがちゃんと保護監督した結果として自宅に帰した、という結果がまず求められる場所なんで、嫌われても仕方ないところもあるんですけど。子どもたちにとっては、自分たちを補導する奴ら。補導して、聞かれたくないことたくさん聞いてくる奴ら。鑑別所と区別がついてない子もいたぐらい、拘束されてるって感情を強めるところという認識ですね。

阿部　一時保護施設って、確か一遍入ると措置が決まるまでは外に出られませんよね。閉じ込められちゃったりする。そして、いろいろすごく厳しい指導をして、というようなことを聞きます。私は詳しくは知らないですけれども、一時保護施設の待遇をなんとかもう少しよくできないのかということは……。

鈴木　大して厳しい指導じゃないとは思うんですが、実際何をするかわからない子たちが来るわけなので、ある程度の管理をしなきゃいけないのは確かなんです。なんだけども、そういう子たちというのは、もうすでに自力で路上生活することを半ば覚えてる子も多いわけですね。なので、夜間に外出できないってだけでも、彼らにとってはとんでもないことなんですよ。門限を与える親すらいなかった子たちは、そこで失われる自分たちの自由に対しては過剰反応しますね。でも、逃げないようにするためには軟禁に近いことをしなきゃいけない。しかも施設は児童と呼ばれる年齢すべてが対象だから、小学校高学年とか中学生の子からしたら、幼稚園に閉じ込められたぐらいの不自由感がある。子どもからすると収監施設なんです。檻《おり》の中という印象になっちゃうんで、当事者と支援者の距離がどんどん開いていって、子どもは福祉というものを警察権力のように自分たちの自由を奪うものとして認識してしまう。

それはおそらく戦後の孤児院の時代から変わらない構造だとは思うんですけども、親や家族に何も与えられてこなかった子どもが唯一持っている財産は、「自由」なんですよ。それを奪っちゃうというのは、それ以上のものを与えなきゃいけないということで、そこはやっぱり難しい。

阿部　誤解のないように付け加えますと、児童養護施設や児童相談所の人たちが一概に悪いと言えるわけではないと思います。

鈴木　それは言えない。言えない。

阿部　すごく親身に子どもと接している児童養護施設の職員さんもたくさんいらっしゃいますし、児童相談所にも本当に一所懸命やってる方が大勢おられる。ただ、悪い例もあるというのは私も聞いています。日本の児童養護施設が、極端に大規模施設に偏っていて、里親とかファミリーホームといった家庭的な養護が圧倒的に少ないのも事実。施設内では職員は足りないし、子ども同士の問題も多いし、海外では「施設は児童虐待だ」というような声もあるのに、日本ではまだ九割が施設です。厚労省も、家庭的養護を増やそうという方針を出しているのですが、里親さんのなり手が少ないとか、なってもサポート体制ができあがってないとか、いろいろ課題が多いです。ここも、もっと、一般の人々に知っていただいて、「ここに税金かけてもいいよ」などと声をあげていってほしい。

専門職ではない、人数が足りない、医療との連携不足

阿部 でも、鈴木さんのおっしゃる距離感というものは、縮められるものでしょうか。例えば、多くの自治体において、福祉事務所の職員は福祉の専門職でないので、採用一年目のトレーニング場所のような位置づけになっていますよね。そういう雇用のシステムの問題が大きいんですかね。

鈴木 児相や一時保護の職員と福祉事務所のケースワーカーはずいぶん違うとは思いますが、求められる専門性がないことは同じだと思います。

阿部 大学を出たばかりの、どちらかというと裕福なご家庭の優等生の人たちが、福祉にこれといった興味もないのに投入される。そこにはとても難しい問題を抱えた当事者がいて、とてもじゃないが素人が対応できる相手ではない。で、ひどいワーカーになってしまう。

そうならないよう、福祉の専門職を福祉事務所に配置している自治体もありますけれど、多くは他の行政職と同じように配置している。自治体内の人事異動で、去年まで税の仕事を

やってた人が、今年から福祉事務所でケースワーカーになりました、みたいな場合もあるわけですよね。

この問題は何年も前から指摘されていますが、状況は一向に変わりません。それはなぜかというと、福祉専門職を雇うというのは、そこでしか使えない人間を雇うということですが、人員削減され、公務員の賃金も減らされている中で、特定の部署に人材を縛りつけるというのは組織として難しいのではないかと思います。公務員がもっとたくさんいれば、専門職の人も雇えるし、新人ワーカーをきちんとトレーニングするような人も配置できる。

鈴木　純粋にお金の問題だと思いますよ。そもそも、児童相談所の職員さんもそうですけども、児童養護施設の指導員さんに関しても、一人あたりの子どもの担当件数が多すぎます。あくまで統計じゃなくて取材ケースですが、相談所の職員で個人ではないけどチームで携わっている家庭が二〇世帯とか、養護施設の先生で勤務時に担当する児童が一四人といった話を聞きました。児相はまだしも、児童養護施設の先生たちというのは、子どもたちからすると、お父さんお母さん代わりなわけです。そういう信頼関係の中で一四人家族とか一五人家族とかをやっていくわけです。しかも、問題抱えた子どもばかりで。

明らかに人が足りないのは福祉事務所のケースワーカーさんもそうで、取材で聞いた担当世帯が一番多かった方は、一二〇世帯を担当したと言っていました。それ、一日何軒回ったらいいんですかって数じゃないですか。担当世帯が一二〇世帯ですよ。ありえない現実です。

阿部　それこそ一年に一回しか会わないような人もいるわけですよね。

鈴木　そうです。論外な状況です。しかもその方は確か新卒三年目で、採用時は福祉職希望ですらなかった。専門性がない人たちに、そんな量の仕事を押しつけている。生活保護制度に関しては、まず新人公務員の修業の場になっちゃってるというところから変えなきゃダメです。

ケースワーカーと関わるほど精神的にきつくなる

鈴木　貧困世帯の子どもたちが支援者に斥力を生じさせるのもそうですが、生活保護の現場ではもっとひどい結末に至っていますよね。取材対象の一人が、紆余曲折の末に受給が決まりました。担当のケースワーカーさんがついて、福祉事務所でカウンセリングを受けました。そうしたら、もともと鬱病が原因で仕事を失ってきているのに、余計にメンタル悪化しちゃったんですよ。こういうパターンはかなり多くて、ケースワーカーと関わるほど精神的にきつくなる。受給スタート時には、もう倒れるしかないぐらいに傷ついてる人が多い。

これはやっぱり僕自身が高次脳機能障害を抱えて初めてわかったことなんですが、心理に専門性のない人間の聞き取りって、心に傷を抱えた者にとっては暴力なんです。多くの当事者は、すごくトラウマチックな体験とか、嫌な記憶をたくさん持ってるわけじゃないですか。そういう人たちに、彼らはこう聞くんです。なぜ職場で孤立し、通えなくなり、首になったのか。なんで朝起きれなかったのか。他の仕事を探せなかったのはなぜか。面接の日、バックレてますよね、なんでですか？　この支払いの期日は過ぎていますがなんで？　いつからなら次の仕事を探して面接に行けそうなの？　これ、当事者からしたら、尋問であり言葉の暴力です。心というか、脳に傷を負っている状態でこうした「自分に無理解な相手」に自分の状態を説明するというのは最も難しいことで、大きな心的負担と大きな心の痛みを伴うんです。

僕自身も高次脳機能障害の当事者として、症状の苦しさを医師に説明するのが困難すぎて、医師に無理解な言葉を投げられた瞬間、完全に心を閉ざしましたし、病前なら当たり前にやれただろう運転免許継続の手続きごときで七転八倒の苦しい思いをしました。

なるほど、ケースワーカーに会って帰ってきたら、何日か寝込むでしょう。むしろ一度断られてもう一度福祉事務所まで足を運べない。生活保護まで辿り着けない理由が、僕も身をもってわかりました。

あと、生活保護で足りないのは、医療との連携だと思います。生活保護の受給まで至る人たちのほとんどが、傷病名がつかなかったとしてもメンタルの問題を抱えていて、働けないぐらい心が苦しいんですよね。そこから脱出して、いつになったら働けるのか。そこが当事者にとって切実なのだけど、就労可能性に関する医療のエビデンスレベルが低いんです。担当医の個人的な采配などで決まっていて、お医者さんがもう働いてOKですよってケースワーカーさんに言ったら、即座に就労指導が始まるわけです。その就労指導が始まってからまたメンタルの状態を悪化させて、さらに働けなくなるという負のスパイラルのケースもたくさん見てきました。おそらくそれは昭和の時代からそうで、まだまだ医療にかからなきゃいけない人たちが無理くり就労指導を受けて、状況を悪化させ、別の病気になっちゃうような不幸がずっと続いてきたと思うんですよ。そうして貧困をこじらせた親の子が貧困二代目になって、また負のスパイラルの中にいる。今起きていることは、そんな話なんじゃないでしょうか。

阿部　正しいと同感するところもあります。でも、その前の世代はそんなに生活保護を受けてないですよ。生活保護の受給世帯の中では、確かに連鎖があるのかもしれませんけれども、そもそも就労指導することができるような人は生活保護では受け入れてくれなかったじゃないですか。高齢者や障害者しか、保護を受けられなかった過去がある。そういう意味では、鈴木さんの指摘する医療との連携以前の話なんですよね。

今は就労が可能かもしれない「その他世帯」と呼ばれる方々も生活保護の受給者として少し増えてきて、就労支援が必要だと言われるようになってきたんですけどもね。それでも、生活保護世帯の中では一六％程度。高齢者世帯が五三％、傷病者世帯が二六％と圧倒的に多い。若くて、明らかな障害や病気がない場合は、生活保護なんてなかなか受けられない。これは、おっしゃるとおり、ケースワークの現場の問題もあると思います。ケースワーカーが保護を打ち切る権限を持つこと自体が良くない。ケースワークは保護の受給判定と切り離して、違う人がやるべきだっていうふうに言う人もいます。それも一理あるかなと私は思いますね。逆らったら保護を切られるかもしれない人と、健全な関係性を築けるわけがない。

でもそこを解決するには、今の福祉事務所の人員を二倍にして、ケースワーカーの専門家を増やしましょう、となるので、また公務員を増やさなきゃいけないというところに話が行きますね。

貧困対策は雇用対策でしかなかった

鈴木　すでに生活保護の受給レベルにある貧困、高齢者の貧困、傷病者の貧困、その他世帯の貧困と一回全部分けて考えなきゃいけませんよね。思えば僕が取材してきて語っているのも「その他世帯」ばかり。でもかつては、就労可能性のある人への受給ってできなかったわけです。では「その他世帯」について、公的扶助が機能しなかった時代はどうしていたのでしょう。自分たちでなんとかしろって、放り出されていたってことですか。

阿部　そうですよ。ただ、それでもまだ八〇年代頃までは、土木など、メンタルに問題を抱えていても働けるような場があった。

鈴木　なるほど。福祉ではなく雇用で対策していたと。就労現場のユニバーサルデザインが過去のほうができていたとも言えますが、まあ、もっと直截的《ちょくせつてき》に表現すれば、当事者の自助努力の中に貧困問題が押し込められていたということですね。

そして、その時代は九〇年代の半ばあたりで終わっていて、そこから先は失われた二十年って感じがしますね。貧困対策をやってこなかったわけですね。僕の中では戦後からずうっと何もやってこなかったような気がしたんですけども、阿部さんのお話を聞いていて、そんなふうにイメージが変わりました。

阿部　日本はずっと失業率も低くて、働く気があれば働くことが可能だと思われてきた。だから、貧困は高齢者や障害者、母子世帯の問題というように、政策レベルでも、現場レベルでも制度や意識ができあがってしまったんですよね。

鈴木　あとは、産業構造の中で当事者に押しつけていた。

阿部　まあ、一部は公共事業などで、仕事をつくって、ということですよね。

鈴木　貧困対策は雇用対策でしかなかったわけです。

土木が貧困対策になりにくい時代

阿部　今のオリンピックも土木雇用を通じて貧困対策になるのかもしれませんけど、それは本当に昔のまんまの処方箋で、結果ちょっと景気が良くなったとしても、根本的な問題解決にはならないわけです。震災後の東北地方なんか特にそうだと思います。すごくたくさんの復興の資金が注入されて、土木工事を溢れるようにやった。それで男の人たちにはなんとか仕事が回るようになってきて、たとえ利益のほとんどは東京の本社に行っちゃって労働者は最低賃金に甘んじるような状況でも、仕事の口はあるからなんとか生き延びられる。しかし、復興の工事が終わったらもうそれで終わりです、みたいな。

鈴木 女の人はどうするんだって思いますが、その土木の現場、特に上下水道とか道路とかの公共土木の現場は、雇用対策としては完全に機能してませんよ。単価が変だと言ってます。安いんです。

阿部 末端で？

鈴木 末端でというか、公共土木は発注のときに単価を細かく出すわけじゃないですか。ところが役所から出してくる予算が、もう材料の単価で原価割れしているケースが結構あると聞いています。その分人件費にしわ寄せが来ていて、若い作業員はどんどん減っている。上下水道の現場なんか高齢者しかいないし、いずれ外国人しかいなくなるだろうって、現場監督レベルでは絶望論しか出て来ないです。

阿部 オリンピックの現場では、今はバブルでもう業者を探すのも大変だっていうような状況なわけですよね。なのに単価が上がっていかない？

鈴木 ゼネコンレベルではどうかわからないんですが、下請けの建築会社では、オリンピック関係の工事を請けたら会社が潰れるから断ってるって話も聞きました。これは元の予算問題というより、ゼネコンと下請けの問題かもしれないですが。

いずれにせよ、貧困の対策として現場作業的な雇用というモデルは、現在ではまったく機能しなくなっていると言っていいんじゃないですか。

あくまで現場仕事は男性の話ですが、「その他世帯」の拡大は、この雇用対策が機能しなくなったしわ寄せにも感じます。

阿部　悲しいですね。雇用以外の他の貧困対策もできていないのに、雇用対策さえも一番しんどい人たちのためになっていない。以前は、多少、人付き合いが悪くて、いわゆる発達障害をもっていらっしゃるような方々も、このような雇用の場で生活することはできたんですよね。私も、昔、ホームレスの方々と話すと、この方、発達障害か知的障害かなと思われる方、たくさんいました。でも、彼らも工事現場とかでずっと働いてきていました。今は、どうですか。

鈴木　主に発達障害的なパーソナリティについては、産業構造の変化が当事者から仕事の場を奪っているという指摘があります。先般発行された『子どものための精神医学』（滝川一廣著、医学書院）という本に腑に落ちることが描かれていましたが、第一次産業や第二次産業では、発達障害的パーソナリティの人がその「一つのことにしか集中できない」とか「こだわりを捨てられない」といった特性を仕事に活かす現場がたくさんあったけど、現代のサービス産業メインの産業構造だと、そうした特性が社会や集団から排除される要因になってしまっていると。

土木だけでなく、農業とか手工業とか、そうしたものが仕事の選択肢からなくなっていった結果が、今表れてきているってことですよね。思えば僕はずっと出版畑ですが、僕が働き始めた九〇年代中盤には、印刷関係の下請け業者さんに明らかに発達障害的なパーソナリティの職人さんたちがたくさんいました。が、デジタル化の中で手作業がなくなって、目の前でどんどん首を切られていくのを見てきました。あの人たち、今どうしてるんだろう……。

ごちゃまぜな生活保護

鈴木　ただここでやっぱり改めて訴えたいのは、例えばその発達障害的なパーソナリティの人が仕事を失ったり貧困に陥りやすい産業構造になったとして、やっぱり公的扶助に辿り着くときには散々叩かれて辛く不安な思いをして、深くメンタルを病んでしまっていること。生活保護に辿り着いたらさらに無理解の中でメンタルを悪化させるケースは何度か言っている通りで、やはりそこまでひどくなる前に扶助に辿り着けて、辿り着いたら適切なケアをすることで、再び仕事に戻れるまでの期間を短縮しなければならないってことだと思うんです。

阿部　アイデア的にはそうなんですね。医療的な治療もし、雇用につなぐ訓練や支援もしていく。まあ、それで、この頃、就労支援、就労支援って言われるようになったのですが、「支援」じゃなくて、「叱咤」になってしまっているのは問題です。それと、雇用のほうでの受け皿。せっかく仕事を得ても、長時間労働やブラック企業で、また身体が悪くなってしまったら、元も子もないじゃないですか。

鈴木　働けない期間を短縮すればするほど、経済効果は高くなる。そういう意味で言うと、「その他世帯」の生活保護の受給期間ってどのぐらいが平均なんですか。

阿部　現在進行形の受給者が今後どれくらい受給するのかがわからないので平均受給期間っていうふうには統計がないのですが、現在、受給しているその他世帯の方々で一番多いのが受給期間一～三年で約四分の一。三～五年も約四分の一です。でも、十年以上も一割以上いらっしゃる。高齢者世帯だと、十年以上の方も四割近くいます。でも、そもそも、生活保護の打ち切りで一番多い理由が「死亡」ですから。

鈴木　やっぱり分けて考えなきゃいけない。高齢者と傷病障害があって生産現場にはもう戻ってこれない人と、今は働けなくても支援することによって雇用につながる可能性のある人、今の仕事だけで食べてはいけないけれども補助があればなんとか自活できる人と、それぞれの福祉を分けて考えないと混同しちゃいますよね。

阿部　それらを全部いっしょくたに引き受けているのが、日本の生活保護の特徴なんですね。

鈴木　ということは、諸外国では違うということですか?

阿部　他の先進諸国では、日本の生活保護に相当するような制度の中に高齢者の支援が入ってなかったりするんですよ。なぜかというと、最低年金が決まっているので、高齢期の最低生活はそこで保障されているからです。年金にはケースワークも何もありません。受給権として毎月、銀行口座にお金が入れられる、それだけですよね。生活保護のほうは、また労働者として戻ってくる人たちを想定しているので、ケースワークをバリバリやります。そういうふうに分けている国もあるんです。

児童専門員の設置

鈴木　メチャ参考になりますね。人的資源問題にもプラスがある。対象者をきちんと分類することで、例えばそもそも高齢者と傷病障害者に関しては別にケースワーカーさんが必要であるとも思わない。その他世帯を担当するワーカーさんのみ専門性をもった人を配置するなら、全員に専門性をもたせるより現実的ですよね。

阿部　日本でも、その他世帯みたいな世帯のところの人たちを支援するために、福祉事務所に就労支援員などが配置され、さまざまな就労支援事業が展開されるようになりました。生活困窮者自立支援法（第九章で後述）ができてからは、生活保護にかかる前の段階においてもこれらの支援が提供されます。

鈴木　けど、あれはどのぐらいの専門性があって、どのぐらい普及してるんですかね。取材ではそのサービスを利用できたって当事者の声が全然聞こえないんですけど。

阿部　そうなんです。就労支援事業は自治体によってやり方も異なるし、どのような支援が受けられるのかもバラバラなんです。全体的には増えてはいると思いますよ。厚労省も増やす方針です。だけど結局のところ非常勤としての待遇でしか雇えないというような非正規公務員の仕事しかつくれない。これもお金の問題ですけどね。お金があれば人員も増やせるし、彼らの支援の質も上げることができる。

鈴木　対象者に対して一年に一回行かなきゃいけない人たちと、三カ月に一遍行かなきゃいけない人たちとか、そういうふうな分類はすでにある。高齢者の方々でそれほどもう健康にも問題なくて、なんとか周りともつながってやってるような人たちは、何カ月に一遍しか行かないとか、こっちのちょっと厳しい状況の人は一カ月に一遍行くとか。ちょっと嫌な話、生活保護受給者を集めて保護費を毟ってるなんて問題視されてる、囲い屋的なアパートってあるじゃないですか。ケースワーカーさんからすると、あれはあれでありがたいそうで、いわば訪問グレードの低い人が集まって住んでいるので、何カ月かに一回そのアパートに行けばいいだけって感じに、業務が圧縮できるらしいんですね。「管理が楽」って聞いて、嫌な思いはしましたけど。

阿部　そのような対応をしてしまいがちなのも、結局のところ、人員不足が要因じゃないでしょうか。先ほど、一人のケースワーカーさんが一二〇世帯もの担当だったというお話がありましたが、社会福祉法にあるワーカー一人あたりの「目安」は八〇世帯なんです。八〇でも十分に多いですが、それを大幅に超えていることも珍しくない。

鈴木　そうなんですね。とはいえやっぱり、人道的な問題から言っても、国の将来的な問題から言っても、特に子どものある世帯の生活保護に関しては、それに特化した専門のスタッフが欲しいと思うんです。子どもの貧困って母親の貧困で、将来の国の貧困ですから。

阿部　子どものいる世帯は、子どもの学力や進学に関わる相談や支援が必要なんです。それでも一応貧困の連鎖を食い止めなくてはならないっていうことで、大学受験の受験費用の支援や、無料で受けられるボランティアを活用した学習支援などが始まっています。まだ全国ではないですけど。子どものことを専門に見る支援員を配置している自治体もあります。

鈴木　うーん。実はなんか、少し勉強した児童委員さんみたいな印象しか持ってないんですが……。その支援員は何のために置かれたんですかね。虐待抑止なんですか。

阿部　それもありますが、不登校や学習支援だとか、進路相談だとかです。生活保護行政もいろいろ厳しい中で、このような受給世帯の子どもの支援を拡大する部分もあるんですけど、一方で、子どものある世帯の生活保護費はどんどん引き下げられている。

国が行おうとしているのは学習支援

鈴木　どれだけのことができているか、自治体によってまちまちですよね。でも本当に市区町村に任せていいのかな、って思うんです。

阿部　福祉事務所の実施主体ですよね。

鈴木　はい。高齢者と傷病者に関しては自治体でいいと思うんです。でも、子どもを持つ世帯であるとか、支援すれば就労の現場に戻れる人の支援に関しては、僕はその実施主体は国であるべきで、財源も国にあるべきだと思います。

阿部　そうですよね。

鈴木　決するものは国の将来ですから。

阿部　設置基準は国が定めていますが、お金のところは考えどころですよね。少し前から、国主導でモデル事業として、生活保護世帯の子どもたちに対する学習支援事業を始めたじゃないですか。財源は一〇〇％国が持つ形で。最終的には三〇〇ぐらいの自治体がモデル事業として実施したのですけど、それが二〇一五年の春に生活困窮者自立支援法が施行されて、正式な事業となった途端、財源が半分になった。五〇％ずつ自治体と国が負担する。そうしたら自治体はもうやれないって言ってきている。

鈴木　なぜ生活困窮者自立支援法で負担半分になったんですか？

阿部　端的にモデル事業の間は短期間ですし、全国で展開するわけじゃないから財政的にも国が面倒を見ますが、正式な事業となったら違います。そもそも、生活保護や生活困窮者自立支援法は国と自治体で財源を出し合うというルールですから。

　私は、自治体がちょっと甘えていると思いますけどね。だって、うちが一文もお金払わなくていいんだったらやりますよ、じゃダメですよね。

鈴木　乱暴な話、子どもの貧困支援が利権化すりゃいいんですよ。子どもの貧困支援をするとお金がもらえます、と言って。高齢者の福祉は、ある意味いろんなところで利権化してきたじゃないですか。最近だと、発達障害者は支援法以後、診断も投薬も行う事業所も増えて、ちょっとした発達障害ブームになっている。そのすべては肯定できないけど、同じような文脈に子どもの貧困対策が乗っかればいいのにって、ずっと思ってきました。

阿部　今、それを子どもの塾産業が虎視眈々と狙ってますよ、学習支援。すでに民間の進学塾が入っています。

鈴木　やっぱそっちですよね。僕、それね、さっきの言葉と矛盾するようですが、また子どもを食い物にするのかと思っちゃいますね。子どもの貧困支援と学習支援が同じとはやっぱり僕は思えない。勉強嫌いな子、教室が苦手な子はどうすればいいんですか。前に言ったように、知の格差を広げるということは、所得の格差を広げていくことにしかならないし、それを払えるところから取っていくというのは、いかにも官のビジネスですね。今だって子どもの将来に直結しない教育支出が一つの貧困の原因なのに、そのうえまだやるか。なんて残酷な世の中なんだろうって思います。

生活保護世帯の子どもたちに対する学習支援

阿部　生活保護世帯の子どもたちに対する学習支援には、いろんな形態のものがあります。一番多いのは、大学生のボランティアを使ってNPOなどがやっているかたちです。それ自体はいいんです。教えているのが素人であるということの限界はありますが、それよりも年齢の近いお兄さん、お姉さんたちが友だちみたいに話を聞いてくれるという利点がありま す。でも、例えば虐待経験のある子の話を聞く場合に、大学生でいいのかとは思いますね。

鈴木　全然危ないですよ。

阿部　すごく怖いです。凄まじい話をダイレクトに聞くことによって、大学生のほうが傷つく二次被害の危険性もある。学習支援事業があちこちで立ち上がり、そこで活動するボランティアも増えている。それってちょっと怖いなって思うところがあるんですよね。

自治体によっては、元校長先生とか、定年退職した教員にやってもらったりしています。それもどうかなあと思いますね。一番最悪のケースじゃないかって。当事者の子どもからしたら、一番嫌いなタイプの先生みたいな人たちが指導しているんじゃないかな、と。教えるのはプロですし、すごく優しい、いい先生もいるのかもしれません。でも、本当にこれが広まっていいんだろうか、疑問です。もしかしたら元教員の雇用対策じゃないかしら、ってちらっと疑ってしまうようなところもあります。

あと、気になるのはやはり民間塾ですね。彼らが参入してきて、はたして貧困の子どもたちが抱えている課題に取り組めるのだろうか。学力アップを何より目指すようなマインドの人たちが入ってきていいのか。すごく迷いがあります。

鈴木　当たり前のことを与えられてこなかった子どもほど、確実に脱落しますよ。阿部先生から見て、少しはましだなと思える学習支援ってなかったですか？

阿部　ある自治体では、成績がよい子に限りますが、高校受験のための学習支援をして、公立の進学重点校に入れていたりしています。

鈴木　それは、どこの層をサルベージしたんでしょうか？

阿部　普通の塾には通わせることができなくて、お子さんのほうも勉強したいけれども、そのツールがないといった層ですね。その層のニーズにうまくはまっているのでしょう。

そんな事例なども見ると、学習塾タイプの学習支援が必要な子もいるかもしれないと私は思うんですよ。一方で、勉強も先生も嫌い、教科書なんか見るのも嫌だ、ただ友だちとおしゃべりに来るだけとか、ただ御飯だけ食べに来るというような子たちもいるわけですよね。

なので、どれがいいって一概には言えないかなあと。

鈴木　そうですね。一律に学習支援だけじゃいけないし、いろいろなサービスがないと、と思います。

阿部　はい。ボランティアがベースで、大学生のお兄さん、お姉さんが話を聞いてくれて、その気になったら勉強も見てくれる、っていうタイプの学習支援も、効果があって、特に精神面でのプラスになることが多いと聞きます。一対一で絆ができるというのが重要です。誰かが、自分のことに、とことん付き合ってくれる、ケアしてくれるっていう感覚ですね。だから、大学生へのケアも含めて、ちゃんとフォローできる体制があればいい。

高校生になっても行ける居場所が必要

鈴木　学力支援という方向に傾きすぎているのであれば、それは僕が取材してきた子たちが求めているものとは逆を向いてます、ということは言いつくしたと思うんですが、じゃあ逆にそうしたドロップアウト傾向の子たちは何を求めていたのかについて、話したいと思います。結局多くの子たちにとって、一番欲しいのは「そこに居て許される場所」なんですよ。

例えばイメージとして、僕の子どもの頃にもあった、地元のたまり場の家。行けば面倒くさいこと言われずそこに居られる。そこに居ていいよと許される場所を得られた子どもは、そこを維持しようと協調するし、自分から動く子もいるし、そんなところから育つ社会性だってある。そういうところから非行や仲間の排除行動なんかにつながらなければ、スタイルとしてはそれでいいなと思うんです。現実には、自然発生的にできたたまり場には、どうしても非行の誘いが入ってきたりしちゃうわけです。だけども、例えば学童じゃなくてそういうところに行っていたのはなぜかというと、学童には利用の規定があって居づらいからですよね。そんな子でも行けるところが、要所要所にあればいいですよね。

阿部　そういう居場所はすごく必要ですよね。誰でも行ける、高校生になっても行ける学童みたいなところ。

鈴木　そもそも高学年で利用できる学童が少ないし、高学年になったら学童なんて子どもっぽくて無理ってなりますから。どのぐらいのサービスができるのかはなかなか難しいと思うんですけども、飯が食えることと、二十四時間営業でやっていること。夜中にも行ける居場所だとすごくいいんですけどね。

阿部　それは難しいですね。

鈴木　家に帰りたくないときに、学校が終わって友だちと遊んで、そこで夕飯を食べて、夜中に親が迎えに来てくれる、そういうところが欲しかった、って言う子は結構多くて、それは要するにたまり場なんです。ゲームもあってほしいし、女の子だったらファッション雑誌なんか揃っていてほしい。先日、もとある支援団体の方へのメールで書いたんですが、コスメ用品やネイル用品なんかも、一〇〇円均一系でいいんであってほしいなって思うんです。不適切な家庭で育った子にとって、メイクやネイルは自尊心を回復する手段だし、コミュニケーションツールでもあるんで。そういうところでなら親が迎えに来るまでの間に一時間ぐらい勉強したっていいよって、そんな感覚なんです。

だとしたら、放課後の学校を使うなんて論外じゃないですか。なんで放課後になってまで学校に閉じ込められなきゃいけないんだってなりますよ。すべて応えられないとしても、子どもへのサービスは子どもがそれを消費したいと感じるメニューにしないとダメだと思うんですよね。

阿部　アメリカにはあちこちにＹＭＣＡがあるんですよ。大きな体育館があって、バスケットボールなどがいつでも自由にできて、一応大人の目もある。そういったところに、いろいろな子がたまっているんですよね。

今の日本の児童館は幼児向けなので、中学生は居づらい。小学校の高学年でも行きたがらないですよね。

鈴木　下の子たちと一緒がすごく恥ずかしいという気持ちがありますからね。でも、大きくなったって居場所は欲しいわけで、行き場がないと、組織売春を未成年でやってるグループのところに居場所探しで女の子が出入りしちゃったりするんですよ。売春をするわけじゃなくても、なんとなく来て一緒におしゃべりをしたり、マンガやファッション誌を読んだりしている。要は不良のコミュニティなんですけども、売春の場すらそんなふうに使われるくらい、居場所がないという。

阿部　今は公園でもダメですからね。たまることができない。

鈴木　そうです。公園もダメだし、コンビニ前もほぼダメ。十五年くらい前に、渋谷のプチ家出っていうのを盛んにメディアが取り上げていましたけど、あれが自助的な居場所としては最後だったような気がします。

今も夏休みの期間限定でプチ家出のようなことは起きていますが、東京都が渋谷、新宿、池袋などで補導員をたくさん使って徘徊の子を捕まえさせていますよね。僕がその取材を始めた頃、七月二十一日以降、渋谷だけで一〇〇〇人単位が補導されています。居場所がなくてどうしようもない、貧困界隈の子たちがたくさん来てるわけですよ。それを徹底的に街から排除した。

阿部　そこが危ない場所でもあるわけですよね。だから安全な居場所が必要なんですよね。

鈴木　そうですね。実際性被害の温床でもあったと思う。ただ、子どもたちにとって安全な居場所と、管理される場所とは別なんです。

阿部　なるほど。

鈴木　自由があって見守られているっていう、微妙な温度がこれまた難しいんです。虐待があったり貧困があったりする子ほど、いわゆる管理の枠の中に納まらない。

阿部　前に武蔵野市で中高生向けの居場所の事業を見させていただいたことがあります。駅前の大きなビルの中にただ机などがわあーっと置いてあって、ちょっと見ると図書館の勉強スペースみたいな感じなんですけど、上にカフェテリアもある。バンド活動ができる部屋、卓球ができる部屋などがあって、夜も開いていました。中学生、高校生が結構たくさん利用していましたよ。

鈴木　貧困家庭の子の場合、その子らにとって何が一番肌触りがいいのか常に考えなきゃいけません。僕自身、実はあまり居場所がない子どもだったと思うんですが、僕にとってはアルバイト先がすごく救いの場だったんですよ。とにかくもう勉強嫌いだし、能力は限定的だし、いろんな職業を経験したくて高校時代からたくさんバイトをやっていました。そうすると、バイト先の上の人たちが常に居場所をつくってくれたんです。仕事が終わったあと、たまれるところに連れていってくれたりとか、前日入りしてそのまま泊まって仕事に行けるようなところがあったりとか。

阿部　それはどなたかの家だったんですか。

鈴木　事務所です。

阿部　事務所で？

鈴木　例えば、ライブ会場の設営のバイトのときは、事務所の床に段ボールを敷いて寝るってだけでしたけど、家に帰るのが嫌なときは助かりましたね。上の世代の人はだいたいバンドマンで、借金取りが家に来るからそこに泊まっていたりして、他にも居場所がないのがみんなたまっていた。そして、そこで働けば収入も得られる。ハイティーンの段階で収入と居場所を両立させてくれるアルバイトって、僕にとってはとても大きかった。

僕は貧困家庭の子ではないけれども、学校や家が面倒くさいという意味ではすごく彼らにシンパシー感じるところがあるんです。だから、そういう場所がたくさんあればいいのにって思うんですよね。時代が緩かったから、許されていたんでしょうね。

阿部　今だとブラックバイトって言われるかもしれないですね。

鈴木　ブラックバイトですね。でも、そこへ行くとカップラーメンがおいしいんですよ。冬はだるまストーブがつけっぱなしで、上にお湯があるんで、一〇〇円ぽんと置いて買いだめのカップラーメンを選んで食べるんです。で、みんな床で寝る。そういう場所が合う子どももいるはずなんですけど、支援というパッケージの中での実現は難しいでしょうね。

阿部　今広まっている学習支援事業も、居場所の意味合いが大きいです。特に、NPOがやっているものなんかは、最初は来るだけでよし、寝転んでマンガ読んでてもよし、ずっとボランティアのお姉さんと恋バナしててもよし、ちょっと、おにぎりとか軽食が出たりして……。少なくとも私が話を聞いたNPOの方々の大多数は、そういう「居場所機能」を重視していた。でも、一般市民や政治の場では「居場所」じゃ納得してくれないので、「学習支援」って名前がつくんですけどね。

バイトで「居場所」っていうのは、確かに、それがぴったりする子もいると思いますが、昨今のあまりにも多いブラックバイトの例を聞くと微妙ですね。高校生でも、本当、セクハラ・パワハラや労働法違反となるような被害を経験している子ども、多いんですよ。うちのセンター（首都大学東京　子ども・若者貧困研究センター）でも二〇一六年に東京都の高校生を調査したのですが、男の子で八%、女の子で一五%がそのような経験をしていました。

アメリカでは高所得者の子どもがアルバイトをしている

鈴木　確かに、ブラックバイトには気を付けなければいけないと思いますが、アルバイトは二つ、メリットがあると思うんですね。一つは報酬があること、もう一つは、そこでの経験が、そのあと生きていく上での糧になるんです。

中高生に学習支援をしているキズキ共育塾の安田祐輔さんという方がいらっしゃるのですが、先日お会いしたとき「勉強が苦手な子とか、その後の人生で勉強がそんなに必要ではない子のケアに学習支援がなぜ必要なのか」との質問に、成功体験の記憶を残すため、と答えてくれて、ずいぶん腑に落ちました。成功体験や肯定体験がない子どもにとって、勉強だけはやれば以前の自分を超えたという体験を味わえるもので、たった一つでもそんな経験をすることが、とても貴重なことなんだっていうんです。安田さんご自身が、発達障害を抱えて、家庭環境に恵まれなかった人なので非常に説得力があったんですね。

ただ、それだけだとまずい。もう机に座るのも困難という子が、バイトの中で何らかの具体的な技術や能力を得ることが、後々の人生を支えることもあるわけですから、学習支援事業と、十代の子に仕事をマッチングさせる事業は、両立するものとしてあってほしいなって気持ちがあります。

阿部 それはすごく同感です。やはり自分がやっていることが報酬をもらえるだけの価値があることだとリアルに受け止められるので、肯定体験を得ることになりますね。

鈴木 そうなんです。

阿部 高齢者の居場所づくりとして、お茶のみサロン会なんかが開かれることがあるのですが、来るのは女性ばかりなんです。でも、「仕事があるので手伝ってくれませんか」って言ったら、男性も来るんですね。ただお茶を飲みに来てくださいって言ったら、男性は絶対来ない。そうした事例にも通じることですね。

鈴木 就労のイメージとしては十五歳、十六歳からなのかなというイメージはあるんですけど。それは、あまり是とされないことなんですかね、世界に目を向けると。

阿部 必ずしもそうじゃない。ちょうどこの間、高校生のアルバイトに関する研究を聞いたのですが、アメリカではむしろ高所得層の子どもたちのほうがたくさんアルバイトをしているそうです。その理由は、高校のときにアルバイトすると、将来の所得が高くなるから。

鈴木 それはすごい。どうしてなんですか?

阿部　就労経験があるということが高く評価されるみたいですね。日本では逆なんです。日本ではやっぱり経済的に厳しい子のほうがアルバイトをしています。あと、アルバイトしている子のほうが、アルバイトしてない子に比べて勉強時間が少ないというデータもありますね。

鈴木　今すぐは難しいかもしれないけど、やっぱり、ユニバーサルに使える居場所ケアの一つとして、ハイティーンへの就労マッチング事業は行ってもいいと思います。

阿部　繰り返しますが、やはりブラック企業対策は必要です。外国人の研修生制度もそうじゃないですか。表面的には、途上国の方々に職業訓練をしてスキルを身に付けさせるということになっていますが、実際には最低賃金以下の労働の酷使です。あれはもう搾取ですよね、完全に。

鈴木　搾取ですね。

阿部　その規制をどうするのかというのは課題ですが、でも、うまくいけばものすごくいい事業になると思います。

（注8−1）**児童相談所**　子どもに関する相談に応じ、子どもや家庭を援助する行政機関。略して「児相」と呼ばれる。虐

待が疑われる家庭への臨検（強制立ち入り調査）を行うことができる。二〇一六年現在、全国に二〇九カ所ある。

（注8－2）**児童委員**　児童と妊産婦の保護、保健、福祉に関して、援助や指導を行う民間の奉仕職。民生委員の一部が児童委員も兼ねている。

（注8－3）**ケースワーカー**　各自治体の生活保護申請窓口での申請者への対応、申請者の調査、受給後の家庭訪問など、生活保護に関する業務全般に携わる職種。

第九章

貧困対策を徹底的に考える

「タバコ規制」と「肺がん治療」の違い

阿部　貧困は、たとえるなら、タバコみたいなものだと思うんです。タバコを吸うと肺がんリスクが高まりますよね。けれども、タバコを吸ったら必ず肺がんになるわけじゃない。肺がんになった人が全員タバコを吸っていたかというと、そうじゃない。

児童虐待を犯しているような家庭が、貧困ではなく、むしろ裕福な家庭であったりもします。逆に、貧困であっても児童虐待を起こさない家庭がたくさん存在します。でも、リスクは高い。貧困である世帯と貧困じゃない世帯で比べたら、貧困のほうがそういうことは起こりやすい。同じように子どもの学力は低くなりやすいし、不登校にもなりやすい。家族がアルコール依存である率が高くなり、精神的な疾患を抱えていたり、さまざまな障害を持っていたりする確率は全部高くなるんですよ。

そうしたさまざまな確率が高くなった家庭というのは、タバコの話で言えば、もう体中のあちこちにがんが転移しちゃっている状態なわけ。なので、その家庭に対してすべき支援は、がんの治療ですよね。その家庭に、つまり進行したがん患者に、「あなた、タバコ吸っちゃいけませんよ」といくら説教したってどうにもならないじゃないですか。

一方で、タバコ規制がありますよね。未成年は吸っちゃいけませんとか、高い税金を課してタバコ消費を少なくしようとしたりとか、分煙してタバコの影響が他の人に及ばないようにしたりとか。肺がんの治療とはまったく違う、タバコ政策っていうものがあるじゃないですか。

この二つが必要なことは、貧困に対しても同じです。つまり、いろいろな貧困があるにしても、タバコ規制のように、まず、貧困の被害が起こらないようにする対策をしなきゃいけないんですよ。例えば、お金がないことが学力低下につながらないとか、部活を辞めることにつながらないとか、居場所がなくて犯罪のほうに引きずられないようにするとか。それと同時に、「肺がん治療」のような、状況が厳しく、もうどうにもならなくなっている人々に対する支援、集中的なケアが必要です。例えば、崩壊した家庭から引き離して温かい里親のもとに連れていくとか、九九もできないような中学生に居場所を提供して、一対一で小一レベルから勉強を教えるとか。

鈴木　二つのメニューは違うもので、現状はそこを一緒に論じてしまうことで、全体が見えなくなってるケースが多いわけですよね。

阿部　だから、子どもの貧困に一番現場で関わっているともいえる、児童相談所の方や児童養護施設の先生からもよくこんなことを言われます。「いや、そう言ったって、この子のご家庭にそんな現金を支援しても何の役にも立ちませんよ」「この子の場合、学習支援をするどころじゃないんですよ」。

鈴木　僕の視点と同じですよね。

阿部　確かに、その家庭、その子どもに対してはそうかもしれない。そこには肺がん治療が必要なのだと思います。けれども、そのことと、貧困の家庭の子でも他の子たちとの間に学力差ができないように、どういった教育政策を作っていくのかは全然違う話ですよね。つまり、タバコ対策のほうです。公立の学校でも、学習ドリルを購入しなきゃいけない教え方、修学旅行の積立をしなきゃいけないような方法を取るのはやめる。せめて公立中学校ではお金がかからない教育体制にしていきましょう、私立に行かれてしまったら学力格差ができても仕方がないかもしれませんが、少なくとも、公立学校に通っている子どもたちの間で学力格差ができるのをなくしましょう、というのも、必要なんじゃないですか。

鈴木　僕は肺がんケースばかり取材してきたので、そっちの緊急性ばかりを訴えてますが、実は後者のほうも全然足りてないんだってことが、この対談の中からようやく見えてきた気がします。

親の年収と小学6年生の学力の関係

（文部科学省調査）

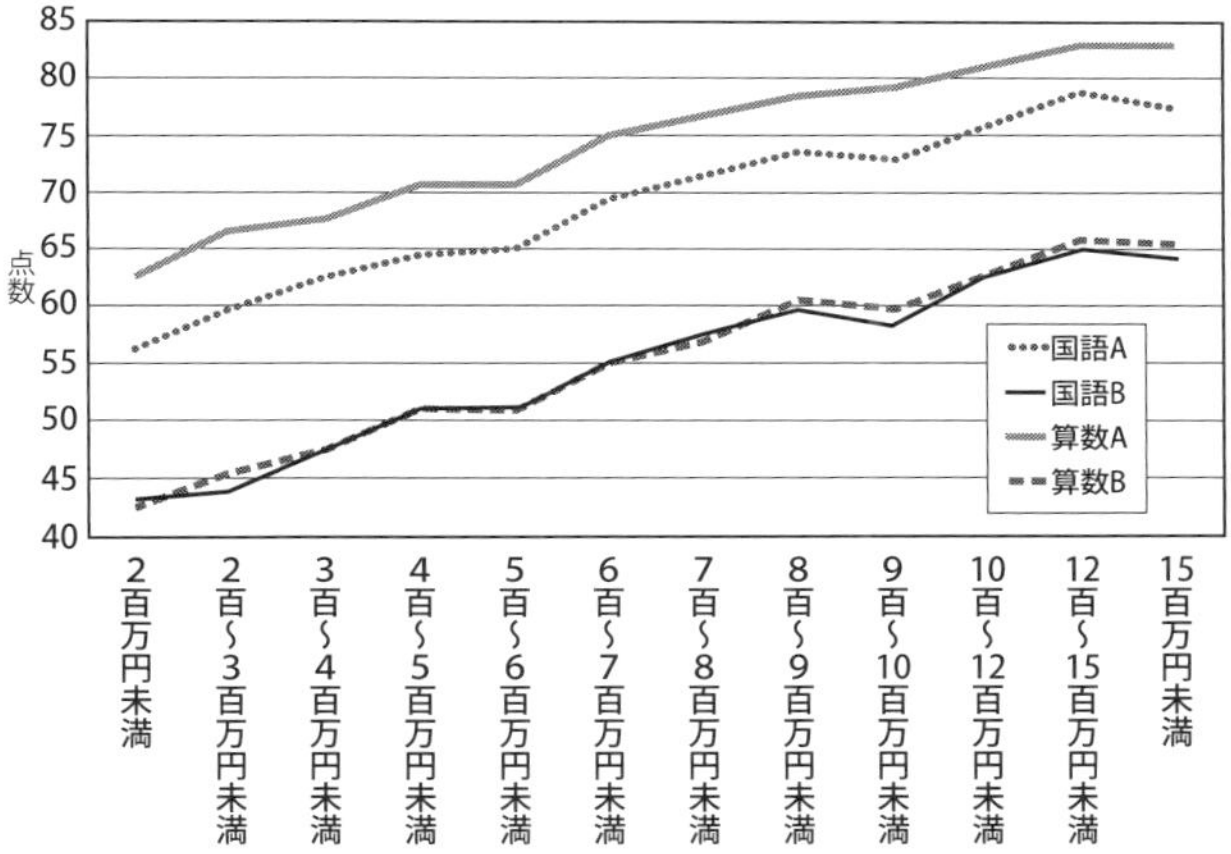

出所：耳塚寛明（2009）「お茶の水女子大学委託研究・補完調査について」文部科学省全国学力・学習状況調査の分析・活用の推進に関する専門家検討会議第13回資料2、2009年8月4日。

阿部　前者も十分じゃないですけど、一応福祉の分野がありますからね。教育対策にしても、同じ公立の小中学校に通っているのに、貧困の子のほうが学力が低いじゃないですか（図）。

　であれば、それは教え方の問題なので変えていきましょうとか、教科書を見直しましょうだとか、教員の数をもう少し増やしましょうとか、そういった議論が出てくるべきだと思うんです。児童養護施設の子だとか生活保護の子どもたちへの学習支援の方法論とはまた別の話としてある。

貧困層への学習支援とは居場所づくりである

鈴木　そっか、ちょっとコンフューズしてたな。僕、親が相対的貧困の子どもたちの中には、そもそも机に向かうことすらできない子が少なからずいると思ってるんです。机の前に四十五分間集中するって、七歳までに発達してないと難しいんですよね。そこに必要なのは療育的なトレーニングです。発達障害児だからということじゃなくて、親が貧困な子たちが全体的に集中力などの発達が遅延しがちなのは、ある意味当たり前ですよね。時間的貧困の話がよくありますが、貧しいほど忙しい。忙しい親は子どもにさまざまな発達のチャンスを与えられない。だから貧困世帯の子は、環境的に発達がアンバランスなことが多いのは、当たり前なんです。

その対策は、教科書や教え方を変えたりするのではなく、その前にちゃんとコミュニケーションが取れる、四十五分間机に向かえるための発達支援的なケアが必要だと思うんです。学力の差をなくすための教育支援をしたところで、たぶんそれだけでは解決しない。

しかも今、小学生の学力が家庭の状況ごとにこれほど離れているのは、課外でどれだけ予習・復習をやっているか、塾などで勉強しているか、そして親が子どもの勉強に対して興味があるかないかですよね。一方で学力が低くて、親も相対的貧困にあるところの家庭は、二タイプに分かれています。「勉強しないと私たちみたいになるわよ」と無理やり勉強を押しつけて、子どもがドロップアウトしちゃう教育虐待型のタイプ。実は不良取材でこういう子も少なくないんです。もう一つは、逆に興味がない。「勉強なんかしたってしょうがないわよ。無駄だからやめなさい。勉強できる子たちは勉強できる子たちの社会で生きていくんだから、私たちは違うの」。そういう考え方をしているタイプです。

そんな現実の中で、学校の教員を増やしたり――教員数は絶対的に足りないんですけれど――教え方を工夫すればみんな一定の学力が維持できるというのは、理想論かなと思います。

じゃあ、どうすればいいか。繰り返しになりますが、僕は、そういう子にとっての場があることが大事だと考えています。最近、学童保育の充実や居場所ケアの確保が話題になっているのはとてもいい流れだと思っています。子どもが嫌がらない居場所をどんどんつくるといい。自ら行きたいって思うような、高学年になっても中学生になっても行けるような場所。そこに行けば温かな御飯があり、誰もいない家で一人御飯を食べずに済む。そこに行けば危険な親から離れられ怒鳴り声を聞かないでも済む。そんな居場所を各自治体がちゃんとつくることが、絶対に必要だと思うんですね。

そこがちゃんとしていくと、学校教育を変えていくとかしなくても、自ずと学力はついてくると思うんです。僕が取材しているがんが多発しているような子たちじゃなくたってそうです。喫煙している子ども的な、先ほどのお話で出た最貧困予備軍の位置にある子どもたちは、おそらくそういうケアをすることで、そうじゃない子たちと少しは横並びになっていくとは思うんですよね。

阿部 学校や家庭から切り離した居場所の重要性はもちろんです。でもこれは、やはりがん対策のほうかな。私は学校を変えることも重要だと思う。机に座っていられないようなお子さんでも、それこそ、発達障害や被虐待のお子さんでも、特別支援学校のようにスキルを持った教員によって救うこともできる。ご家庭になんの問題もない子どもだって息苦しく不登校になってしまいそうな今の学校のほうも変えなくては。

貧困対策の対象をどこに置くか

阿部 私は、貧困っていう問題は度合いの問題だと思ってます。日本の今の子どもの相対的貧困率が一三・九%だといっても、その線以下だったら急に貧困で、上だったら貧困じゃなくてというわけではなく、例えば低学力になる確率がここは一〇%で、ここも九%はあるよみたいに、グラデーションになっているものじゃないですか。

貧困線よりちょっと下とちょっと上の子に、さほどのリスクの差があるわけじゃない。けれども下方にあるほど、やっぱりリスクは大きい。さらに、貧困線より上だといっても、学力が落ちている子もいれば、居場所がない子もいる。貧困線より下だって、勉強ができて、大学の学費とかお金の問題だけの子だっている。リスクが違うというだけであって、方々でいろいろな問題が起きている。

なので私の感覚では、こんな子には公教育の充実を、こっちのほうの子には居場所事業をやりましょう、というように分けることは無意味に思えるんです。まずは学校に馴染める子、学校で疎外感を覚えない子が増えるようにするのが重要。その上で、家庭に大きな問題のある子が行ける居場所もつくっていけばいい。気を付けなければいけないのは、一部の子たちが行くだけの居場所をつくってしまうと「あいつはあそこに行ってるんだよ」みたいなレッテル貼りになりかねない。それよりも、もうちょっと開かれた居場所がいいと思うんですよね。

鈴木　確かにオープンであることは、子どもの居場所事業でとっても大事なポイントです。

完全にドロップアウトしちゃってる十代の子たちを取材したときに、「子どものとき何が欲しかった?」と質問したら、「ゲームがある学童(保育施設)が欲しかった」「御飯が出てくるゲーセンがあったら良かった」といった声があったんですよ。

放課後まで学校になんか行きたくないんです、子どもは。女の子だったらファンシーショップ、男の子だったらゲーセン、男女とも好きなのはマンガ喫茶ですよね。マンガもゲームも揃っていて、「じゃあ、六時から七時まではちょっと学校の復習しようか」というような場所があったら理想だ、と話す子もいました。

あと、やっぱり大事なのが、夜。夜遅くに使える場所を欲しがっている子が多かった。貧困家庭の大半は、親の帰宅が遅いわけです。で、帰ってきて、親同士が喧嘩をしたり、子どもを虐待したりすることも少なくない。子どもがドキドキする時間って、夜の九時以降に始まるんです。それで辛くて外に出て行っちゃう。もしくは親に「うるさいから、出ていけ!」と言われて外に放り出されちゃう。真冬の寒い夜に町中をさまよい、学童に行くともう閉まっていて誰もいない。どうしようもなくなって、その場で泣いてしまった、という体験が、貧困の子どもたちに普遍的な記憶としてあるわけです。

めちゃめちゃ辛い話じゃないですか。そこで学童が開いていたら、子どもたちはずいぶん救われるわけじゃないですか。だから僕はまず居場所を……。

阿部　私もまったく同感ですよ。そのような居場所事業があればいいとものすごく思います。

でも、鈴木さんが言うような居場所を必要としているのは、一三・九％の子どもたち全員ではないと思います。逆に、一三・九％の子以外の子でも必要な子はいるかもしれない。

鈴木　そうか。じゃあ、具体的にはどう考えればいいのかな。

「九％の層」には何が必要か

阿部　一三・九％って、学校の中の七人に一人ですよ。夜の居場所まで確保する必要がある子は、そこまでいませんよね。でも、七人に一人くらいは、クラブ活動の助成費用が必要かもしれないですよね。「遠征費用二万円が払えなくてクラブを辞めてしまった」といった現実はすでにたくさん起きています。なので、貧困対策は、やっぱり肺がん治療と禁煙キャンペーンの両方を進める必要があるだろうと考えるわけです。

鈴木　もちろん僕がイメージしている貧困の子たちは一三・九％もいない。でも、感覚的ですが、五％はいるような気がするんです。そのまま触法まで行っちゃう子は、たぶん一％くらいなんだけれど、その手前のかなりきついところで生きている子はもっと多いように思う。だけど、だったら相対的貧困の約一四%のうち五%を引いた残り九%の子に関しては、何が必要なんだろう。何を整備すべきなんだろう。僕は、そういうところが見えていないのかな。見えていない当事者が九%もいる……。

阿部　そこらについては、学校の先生方も見えていません。私たち貧困の研究者も、何が必要なのかよくわからないというところはあります。

でも、やはりアンケート取ったりしていくと、例えば過去一年間に電気料金ですとか、ガス料金といったライフラインの支払いを滞納したことがある家が、東京都でも三%、他県では四から一〇%の子どもの家庭にあります（各都道府県の「子どもの生活実態調査」二〇一七年より）。

食費が足りなかったと答える家庭は、東京都では約一割ありました。他県では、「稀にあった」まで含めると二割となっています。一番厳しい層じゃないかもしれないですけど、かなり厳しいですよね。子どもだって、特に問題を起こしているわけじゃないけど、いろんなことをあきらめている、少しずつ不利がたまっていく。そんな状況なのかなと思います。

そういった生活の厳しさを何とかできないのか。例えば、電気やガスの会社にはたくさん国のお金が入っているじゃないですか。だから低所得者層に対して減免制度をつけろ、って、国が言えないのか。「公共料金」って言われるけど、どこが公共なのかと疑問じゃないですか。

鈴木　それおもしろい！　具体的でメチャメチャいい！

阿部　給食費もそうですよ。給食代は親が持つものという前提は必要ですかね。経済的理由で就学困難になっている児童生徒の保護者には就学援助制度があります。ならば、給食を無償にしてもいいじゃないですか。

修学旅行だって、費用を出すのに結構大変なわけじゃないですか。親御さんが頑張ってどうにかお金を出しているのだけれど、修学旅行費は学校の教育の一環なのだから、公立の小中学校のものは無償にしたらいいじゃないですか。

こういったことは、システム自体を変えて普遍的な政策としてやるしかなくて、そういった政策はやっぱりタバコ政策的なんですよね。

鈴木　阿部さんは、すでに具体的な提言をいろいろされているんですね。ダメだ、反対だ、だけでは何の説得力もありませんから、この本でも貧困政策の提言はありったけ出しましょう。

まず、今さっき阿部さんがおっしゃった低所得者の公共料金の無償化という案。これはすごく重要です。貧困の中で自分の心の傷を深めていくっていう話を私がしましたよね。あれは具体的に言うと、公共料金なんですよ。電気、水道、ガス、通信、あとは各種ローン。そうした支払いに追われることで、ストレスから判断力を失い、徐々に脳が傷ついていく。一つひとつの支払いが、当事者にとっては脅迫であり心的暴力なんです。なので、無償化じゃないにしても、支払窓口を減らすことも提言したいですね。心を傷つけた当事者にはマルチタスクを苦手とする共通の特性がありますから、公共料金はそれぞれの窓口ではなく、一つの支払いとして払うことができたらずいぶん楽になるかなと思います。いくつも請求書があるだけで心的資源が削られて、結果何もかもを先送りにして、どんどん窮地に追い込まれていくというのが貧困者の典型なので。

阿部　請求書が心的暴力っていうのは、ぴったりの表現ですね。子どもが育つ環境として、電気やガスがない生活なんか考えられますか。たとえ止められていなくても、「今月どうやって電気料金払おう」と考えなければならない中で、心穏やかに子育てができますか。

鈴木　電気、水道、ガスのどれも止められたらきついですね。確かにライフラインに直結する部分は減免より無償化を目指すべきでしょうか。通信費も日本は特に高額であると指摘されていますが……。

ただ、通信に関しては、自由自在に発信できる状態を無償提供すると、不平等感があまりにも強すぎる。なので制限付きの通話無料、ネット接続は無料というかたちにしたらいいような気がします。そもそも公共無線通信がこんなに未発達な先進国も珍しいって言いますしね。

ちなみに諸外国ではどうなんですか。公共料金の無償化というのは？

阿部　まず、多くの国に家賃補助がすごくありますね。アメリカでは公共料金の補助があります。電気やガスなどのエネルギー費の補助。

鈴木　同じ制度を日本に導入するとしたらどうでしょう。

阿部　せめて、子どものある世帯や高齢者世帯の光熱費や家賃を補助する制度があってもいいと思います。例えば、電気を止める前に、調べなきゃいけない。家に子どもがいるか、高齢者や病気の方がいるか。そうした家庭の場合は、電気を止めないようにする。それぐらいの配慮はしてもいいと思うんですよね。実際に子どもや高齢者のいる世帯とか、気温が何度以上とか何度以下だと公共料金を止めてはいけないという法律のある国もある。

鈴木　そうした段階的な配慮は必要でしょうね。

日本の公営住宅——辺鄙なところに造って現在は孤立化

鈴木　でも、家賃補償が先なのかな。住宅費の補助があれば、公共料金の支払いでこんなに汲々とすることもないのかな。都市型の貧困では、住宅費があまりにも家計を圧迫してますよね。日本の公営住宅ってありますよね。あれも住宅政策だと思うんですけど。

阿部　もちろんです。

鈴木　でも、公営住宅は都市計画の失敗だって不動産業界では言われるんです。例えば、新興住宅地の近くに公営住宅があると、新築需要がなくなったときにそこの資産価値が低くなる、というふうに語られています。実に差別的ですが。で、最終的には過疎化が進んでいくんですね。諸外国の公営住宅と全然違いますよね。例えばイギリスの公営住宅というのは、ロンドンのど真ん中に造ったりするんですよね。

阿部　というか、まず量的にも全然違いますね。

鈴木　量が違う？

阿部　供給量が全然違います。

鈴木　日本よりずっと多いんですね。

阿部　ものすごく多い。イギリスでは住宅の一七・五％が公的借家です。対して日本は五・四％で、この中には中高所得階層向けの都市再生機構・公社の借家も含まれますから、低所得者向けの公営住宅といった意味では三・八％しかない。ただ、公営住宅のスラム化というのは、イギリスでも問題視されています。

鈴木　なるほど。日本でも地方によっては公営住宅の外国人居住率が増えて、治安も悪化してスラム化しているなんて、印象論で語られてるエリアが数多くありますけど。

阿部　あまりにも多くなりすぎたので、イギリスは政策として公営住宅に長く住んでいる人には売却というオプションを取ったんですよ。

鈴木　売却？

阿部　長く住んでたら、その人はその家を買うことができる。

鈴木　そうなのか。でも、どうだろう。既存の日本の公営住宅って、基本的にすごく不便なところに造ってきた経緯があるじゃないですか。戦後の日本の住宅政策にはいろいろなものがあって、炭鉱とか紡績とか国策産業の労働者を住まわせる場所があったり、戦後の大都市では戦災復興住宅があって、あと海外からの引揚者などに集住してもらう目的で造られたものなんかもあったと思うんです。ですが、田舎に住んでると、どうしてこんなバスもほとんど来ないような辺鄙《へんぴ》なところに公営住宅があるんだろうって、驚くようなところに公営住宅があるんですよね。

阿部　日本の公営住宅は、高度経済成長の一時期に大量の人々が地方から都市部に移ってきたときに造られたものですよ。その頃に都市部に住居の供給不足が発生したということで造られたので、困っている人向けではなかった。単身者は住めず、世帯持ち向け。イメージとしてはマイホームを買うまでの、一時的な住宅だったんですよね。

鈴木　ええ。ただ、千葉あたりの県営住宅は、駅からの交通手段がないところにあったりするんです。昔はバスが通ってたんだけど、今はもう廃止されている。そこに外国人が住んでいたりして、かなりスラムな風景が広がってて。

阿部　たぶん、とにかくたくさんの住居を供給することが優先で、安い土地に急きょ建てられ、バスに乗って千葉市街のほうまで働きに行ってくださいというイメージだったんでしょうね。

鈴木　用地取得が楽だった。

阿部　東京でも多摩などに、同じような公営住宅がどーっと造られていったわけじゃないですか。電車が通る前から住宅街ができていました。それがだんだん高齢化していった。今では都心に出て働くような層がほとんど住んでいない。そうすると需要がないからバスも廃止され、そこだけ孤立化してしまう。

鈴木　そう、すごく孤立化してますね。周りには古いパチンコ屋さんばかりあるんですよ。僕の取材した貧困の子は、そういう住宅でじいちゃん、ばあちゃんと一緒に暮らしていたというケースが少なくない。公営住宅率も高いです。公営住宅育ちの三世代の貧困が多いというのは、実感としてあります。三世代同じ家じゃないと生きていけないぐらい所得が低く、一番上のじいちゃん、ばあちゃんの世代は生活保護を受けていて、その保護費や年金をその子どもと孫がアテにしているっていう感じが多かったですね。

実際、先ほども言いましたが、不動産業界においては新しい住宅地を造るときに、近くに公営住宅があると治安が悪いから、不動産価値が下がると言われているというのは確かです。それと、都市計画として近くに賃貸住宅を造らないケースもある。

例えば、千葉県にユーカリが丘ってあるじゃないですか。世代交代の成功した新興住宅地としてよく語られています。でも、あの街には都市計画として賃貸住宅をほとんど造らなかった。それが街自体の資産価値を落とさなかった成功理由の一つだと、不動産業者なんかは話すんです。やっぱり差別的な感じで嫌な話ですけどね。

海外の公営住宅というのは、都市部の中心地などにあるわけですよね。日本でも今後空き家率や賃貸の空室率が増えていく中、都市の中心の空き物件を国で買い取るなりして公営住宅とし、住宅政策にあてていくとか。そんな案はないんですかね。

阿部　実際に東京都は、賃貸アパートを借り上げて生活困窮者、例えばホームレスの方に提供するということをやっていますが、なにしろ、数がほんのちょっとなんで、もっと必要ですし、対象者も拡大してほしいです。

マイホーム願望

鈴木　不動産ローン破綻の問題なんかも含めて、経済成長を前提に未来を描く幻想が、日本の貧困の大きな理由ですよね。成長しないってわかったあとでも、それを続ける奴らがいるというのは、規制の対象かなと僕は思いますけど。

阿部　でも、不動産って儲かるんですよね。どんな僻地に住宅地を造っても、そのときに売ったら投資がすぐに回収できちゃう。だから民間としてはやり続けるんじゃないですか。

規制は難しいでしょう。買う人がいる以上、民間は造ります。ニーズがあるわけだから。それを否定はしにくい。でも、ほぼ日本全部、これから人口減になっていくわけですから、そういったニーズは少なくなっていくわけですよ。これからは本当に政策的に人を集めていかないといけない。小規模に集中化する必要がある。新しい山を崩して住宅地を造っている場合じゃない、と。

鈴木　まだやってますからね。うちは新聞を取ってないんですけど、たまに妻の実家に行って新聞の折り込み広告を見ると、絶望的になりますね。まだ宅地開発してるって。

阿部　そこらへんについては、鈴木さん、おっしゃってなかったですか。都心の若者ではもうマイホーム持ちたいという気持ちがそれほどなくなってるんですけど、地方の若者は今でもやっぱりマイホームを買って一人前みたいな意識があるって。

鈴木　地方の若者ではなく、地方の新妻《にいづま》ですね。若い奥さんのマイホーム志向です。

阿部　そういう人たちが欲しいと思っている以上は、造り続けますよね。

鈴木　確かに土地は安いし、新築といっても工法が進化してすごく安いんですが、無理して注文住宅建てさせちゃうのが住宅業者の営業力ですしね。すごいハイリスクですよね。地方にだって集合住宅はあるし、賃貸は劇的に安い。マイホームがなくたっていいのに、借金して買っちゃうんですよね。

阿部　昨日、大学のゼミの学生たちと、この頃の若い人はどういったところで消費をするのかという話をしたら、マイホームやクルマは出てこなかったんですけど、ちょっとおしゃれな居酒屋だとか、小旅行をするだとか、そういったことにお金を使うと言っていて。インスタグラムに上げるためですね。それもマイホームに求めるキラキラの亜種なんじゃないか。

鈴木 素敵な新築、わが家のブログをつくりたいがためにということですよね。

阿部 そう。

鈴木 実にまずい傾向のある価値観ですよね。仕事について自分らで稼げるようになったとき、速攻でキラキラビジネスのカモにされるタイプ。

阿部 でも、学生たちからは「それって昔の先生の頃の聖子ちゃんカットと同じじゃないんですか」って言われちゃいました（笑）。

鈴木 インスタに関してはたいした消費ではないので、まああいいとは思うんですけど、将来を決定づけてしまうような大きな借入をさせてしまうものがまずいですよね。

阿部 家はそうですね。

鈴木 家、新車。あと教育、あまり役に立たない資格、そしてブライダル。三年で離婚するかもしれない相手のために五〇〇万で結婚式挙げるって、あり得ないですからね。親族からかき集めて、親からもかき集めて。将来のたくわえを削らせて、貧困リスクを高めてしまう産業がなんてたくさんあるんだろうって、思ってます。

精神科を生活保護の窓口にすべき――生活保護の捕捉率を上げる

鈴木　少し脱線した感じですので、改めて貧困対策に戻りましょうか。また少し俯瞰した話ですが、僕は成人の貧困者の支援モデルと子どもの貧困の支援モデルは、別であるべきだと思っています。現状、子どもの貧困の支援モデルって、子どもの貧困の当事者の親の支援モデルになっていますよね。

阿部　親も含めて。

鈴木　親も含めてですよね。ただ、先ほどから言っているように、例えば居場所ケアは子どものためのサービスであるべきなのに、視点が親の手間を減らすためのサービスになっちゃってる気がするんです。だから子どもの利用したいサービスが出て来ない。

じゃあ一方、成人の貧困の支援モデルに関して、まず必要なのは捕捉力だと思います。生活保護の窓口、公的扶助の捕捉力ですね。現状では水際作戦的なことになっているのでアウトリーチどころじゃないわけですが、前にも言ったように生活保護の窓口に辿り着いた時点では、もう手遅れなんです。さらに審査の過程で余計に傷ついたりしていることで、生活保護の利用期間のさらなる長期化を招いている。そういう事態を避けるために、成人の支援モデルもまず支援側から当事者を探す、アウトリーチ型に変えていくべきだと思うんです。
　では、どうしたらいいか。とにかく窓口を増やすべきです。窓口になりえる場所はたくさんありますが、その筆頭は精神科ですよね。現状、精神科の先生が生活保護についての知識を全然持っていないというケースばかりで、それはあり得ないこととして改善していかなきゃいけない。

阿部　医療機関側にそういうマインドあると本当によいですよね。パンフレットを置くだけでもいい。

鈴木　あと、各種支払いが困難になった人たちに対して、生活保護という制度があるんだよと知らせることもまだまだ必要です。自力でその窓口に行くのが大変なんであれば、サポートしてくれる団体の案内を渡すだけでもいいと思うんです。

阿部　アウトリーチはとても大切です。二〇一五年に生活困窮者自立支援制度ができて、全国で生活保護に至る前の段階の人々の包括的相談窓口ができることとなりました。ですが、それでもやっぱり、役所の窓口に行かなくてはならないわけで、支援する側からリーチするという点では全然アウトリーチになっていない。

鈴木　役所に行くことって、当事者にとっては難しいんです。単身者やひとり親世帯で家族支援がなくて仕事している人が、公的扶助の申請に行っている暇はないんです。すごく手間も掛かるし、いつ行くんだよっていう話を、当事者の人から聞いたことがあります。役所はだいたい十七時頃に閉まってしまいますから。

阿部　ただ、窓口での支援を工夫している自治体もあって、例えば母子手帳を取りに市区町村の役場や保健センターの窓口に行くわけですよね。そのときに経済困窮してるだとか、夫がいても生活費を払ってくれないだとか、自分自身が長時間労働しているといったようなことをキャッチできるようにしている。申請書に夫の職業とか書く欄なども設けて。それはリスクが高い妊婦さんにはアウトリーチをするという枠組みが母子保健の中に置かれているからです。「こんにちは赤ちゃん事業」といって、保健所が乳児家庭の全戸訪問を行っているんですけれども、中でも特にリスクが高い妊婦さんのところには、保健師さん（注9-1）が家に行って事情を聴いているんです。

鈴木　確かに保健師さんのアウトリーチ力は別格なものがあります。ただ、訪問先でトラブルを見つけた先につなぐ婦人相談員（注9-2）さんなんかは、貧困の当事者とは生きている世界が違って、悪く言ったら道徳規範的で「なんでそんななの！」って説教しちゃうケースを当事者から聞いているので、そこは改善してほしいところですね。

阿部　そう。前は多くの自治体で、リスクが高いのは若年妊娠、多胎妊娠などとされていて、あまり貧困という要素では聞いていなかったんです。それが貧困もリスクとして認識されるようになってきた。

鈴木　なるほど、一歩目は進んでますよね。

阿部　ただ、おっしゃるように、そこからどのような支援ができるのか、説教的な「お話」だけで終わるのではなく、本当に真摯《しんし》に支援につなげていけるのかが重要ですね。

鈴木　ちなみに貧困の当事者捕捉の窓口としては、他にもこんなものがあるかと思います。光熱費・各種税滞納者、失業保険受給者、家賃滞納者、これは賃貸事業業界との連携が必要。住宅ローンの借換やらおまとめサービスの利用者なんて、自己破産すれすれのケースが多数ありますよね。学費や病院窓口で医療費の支払い困難な人も、かなりギリギリなケースがある。あと、鉄板なのが児童養護施設の退寮者。これは本来なら継続的な支援でつながっているべきだし、あとＤＶ被害から離婚を選んだ女性なども超ハイリスク層じゃないですか。

もちろん捕捉後のアプローチも工夫が必要です。例えばＤＶの被害女性に関しては、婦人相談員やシェルターの職員が、相談に来た女性にアドバイスをするというかたちで支援していってますが、もうＤＶ経験があって離婚している時点でその人は常に貧困リスクが高いということで、支援につなげていく準備やガイドラインを用意しておいてほしいんですよね。

阿部　そうですよね。おそらくもっと早い段階は、離婚届を出すときでしょう。離婚届が一枚の紙きれで、サインしてあって判子押してるからＯＫです、っていうことじゃなく、提出されたその時点で養育費の取り決めとかも含めて。

鈴木　その場合の窓口は具体的には家裁ですか？

阿部　まあ、それもありえますが、離婚届を出すのは自治体の窓口ですから、そこでなんとかできればいいんです。けど、そこもようやく今「養育費の取り決めをしましたか？」「きちんと相手の方と話し合いをしましたか？」という声掛けをしていくとか、離婚届に「養育費の取り決めをしました」「しませんでした」とチェックする欄を設けたとか、そんな段階でして。まだ、すごく手薄い。根付いてないところがある。

鈴木　指一本ぐらいは進んだかなという感じ。

阿部　そうですね。受刑者を期間的に受け入れる更生保護施設なんかもそうだと思うんです。これも早い時点というか、ずっとフォローする必要がありますね。

鈴木　更生保護施設と生活保護は、僕の取材した限りではかなり連携してるように感じました。出所者を取材すると、「いま更生保護施設の指導で住宅を探して、部屋が見つかったら福祉事務所に行きます」ってタイミングが多かった。結構いい支援モデルを持ってるんじゃないかなと思うんですけど。

阿部　そこにはいちおう保護司《ほごし》さん(注9-3)が付いていったりするわけですよね。ですけど、それでも十分じゃないという印象ですね。あと、行政の観点で言うと、公共料金の滞納が続いていると、ガス会社や電気会社から通達がちゃんと来る自治体もあるそうです。通達後は訪問するなどして、高齢者の孤独死対策が始まっています。それが一つのサインになるということで、貧困対策のほうにもつなげていくという視点は、まだまだですけど。

鈴木　なるほど、孤独死の防御策としては、やってる自治体は徐々に増えてきてはいるんでしょうね。そのシステムは貧困のアウトリーチに転用しやすいと思います。

阿部　前例があれば広がりやすいんですよね。家賃滞納やガス、電気、水道料金の滞納で役所にも通報が行くみたいな感じですよね。

鈴木　同じ感じで、やはり児童相談所につながっていたり、補導歴のある子とか、児童養護施設出身者であるとかも、個人情報の範囲で追跡して支援できたらいいなと思いますね。その子たちは将来的に貧困リスクが高い。特に、一時保護施設を経由した子もそうだし、当然、触法の子もそうです。児童自立支援施設への入寮経験がある子どもや鑑別所や少年院を経由した子どもも、圧倒的に貧困リスクの高い層じゃないですか。大して役に立たない矯正教育を施すより、その後の貧困を見守ってケアしたほうが、なんぼか治安にも貢献すると思うんですけどね。

阿部　児童養護施設などの出身者が大きくなってからどうフォローをするかは難しいですよね。名前のリストがあっても、今どこにいるか、連絡先がわからない。大きくなっても児童養護施設につながっているような子どもたちは、意外とうまくやっているんですけどね。つながってない子たちに関しては、厚労省で調査をしたことがあるんですが、やっぱりわからないんですよ。

鈴木　実際、残念ながら僕が取材しているケースでも住民票の住所に住んでるケースのほうがレアでした。かといって、養護施設のアフターケアって、別の意味でも難しいんですよ。養護施設の先生って、子どもにとっての親代わりじゃないですか。なので先生が代替わりをするともう絶対寄りつかないんですよね。実家に帰ったら親がいなかったみたいな感じになっちゃうから。

じゃああれだ。アフターケアが難しいなら、できるだけそこにいる間に、公的扶助を受けるための手段や、誰にどのように相談していけばいいのかということを、専門的にちゃんと教えてあげてほしいんですよね。その知識あるだけでも全然違いますから。

ドロップアウトしちゃう子って何か困りごとの相談があると、真っ先に警察ぐらいしか思い浮かばないんですよ。で、自身にも後ろ暗いところがあるから「警察に相談したら逆に自分が逮捕される」と怯えて、別に立件されるような悪いことは何もしてないのに、誰にも相談できなくって、何もできなくなるか、ヤクザに相談してしまったりする。これなにも大変な相談ごとじゃなくて、家賃が払えないとかでもそういう心理になるんですよ。だから、どこに相談すればいいかは教えてほしいし、その子たちにわかりやすいように漫画やドラマみたいなものに落とし込んで浸透させたいですね。

阿部　それは児童養護施設の子だけじゃなくて、子どもたち全員に教えてほしいな。

鈴木　そうなんですけど、教え方がすごく難しいんです。なぜなら、施設出身者って生活保護をものすごく嫌ってる子が多い。

阿部　そうなんだ。

鈴木　ええ、そういう大人たちを見てきているので、生活保護を受けたらもう終わりなんだ、負け犬の生き方なんだ、ってイメージを、彼ら、彼女らは持ってるんで。「ウチのじいちゃんナマポだから」なんて、唾を吐くように言ったりする。

阿部　生保が国民の権利であること知ってほしいですね。でも、生活保護だけじゃないと思うんですよね、今は。お役所に行けば、さまざまな就労支援だとか、すごく低利の貸付制度だとか、社会保険料の免除などをしてもらえるんです。生保以外にも多くのセーフティネットがあって、それらについてあんまり知られてないんですよね。全部駆使すれば、そこそこやっていけるんですよ。失業したら家賃補助が出る手当とか、そういったことも教えてほしいなと思うんですよね。生活保護しかないと思うと、一か〇かみたいになってしまい、受けることを嫌う人もすごく多いと思う。

鈴木　そうなんですけど、お役所に行けばって、その「行く」が彼らには難しいですよ。「大人は敵」って子じゃなくても、やっぱり申請しないと使えない制度は彼らには遠くて利用が難しい。

学校での逃げ場所が必要

鈴木　というわけで、あらゆる支援、公的扶助をつなげるためのコーディネーター的な人たちの拡充が必要ですよね。特に女子の場合だったら、セックスワークの周辺のスカウトマンなんていうのは、彼女たちに住まいも仕事も用意しているわけで、彼らに敵う存在はない。彼らと同じぐらい能動的に動いてくれるようなアウトリーチの手が必要ですよね。

阿部　学校から離れてしまった子どもたちには、まさにそのようなアウトリーチがもっともっと必要ですね。一方で、学校の中にまだいる子どもたちにも、学校の中でのアウトリーチがあってもよいと思う。そういった意味で、保健室登校なども含めて、保健室機能は、もっと拡充してほしいなって近頃思います。

鈴木　学校不適応児童に関しても、貧困のリスクが確実に高いので、同じようなことをやってほしいですね。

阿部　保健室はすごく重要だと思います。そこだけしか行けない、そこの養護教員としか話さないという子どもたちはたくさんいますから。でも、学校によっては「保健室に不必要に長いこと居ちゃいけません」と指導するところもあって、無理やりでも教室に居させようとする。養護教員というのはただ絆創膏を貼ってくれるだけの仕事じゃないんだよということを、しっかり認識してほしいですね。学校の中での逃げ場所はとても大事です。

鈴木　保健室利用ガイドラインみたいなの欲しいですよね。いわゆる底辺高校になると、夜バイトして朝学校に行って保健室で寝てる、っていう生徒が結構いますから。視聴覚室は仮眠室になってるとか、黒カーテンがあるので。本当にそっちの取材をすると、びっくりしますけど。

阿部　それは眠たくなるわね、そこ行ったら。

鈴木　それは学校側がちゃんと仮眠室として開放してて、バイトして朝来る学生に関しては、そこで寝てくださいってやってるところがあるんです。理想的ですよね。

阿部　学校は学ぶ場所というところから、もう少し生活を支えていく場所というところへと考えを広げてほしいですよね。視聴覚室を仮眠室にするのはとてもいいアイデアだなと思います。いっそのこと、ちゃんとした仮眠室と食堂を全国の底辺高校や定時制高校に作ってほしいな。

鈴木　冗談みたいですが、これ都内の高校教員から聞いた話です。寝るなと言っても寝る生徒がいるし、そこを完全に閉め切っちゃったら暴動が起きるので、そうせざるを得なくて、できた理想的な視聴覚室。

別の中学校の話ですけど、保健室登校生徒に関して、ルールを策定させているという学校もありました。学校というより養護の先生の指導方針なんでしょうけど、つまり、生徒自身に自治のルールをつくらせる。ゲームを持ち込んだら独り占めしないでみんなでやるとか、みんなでやれないゲームは持ち込まないとか、人のスマホはいじらないとか、冷蔵庫のペットボトルには名前を書くとか、そういうルールを話し合いで自主的に決めさせたそうなんです。

阿部　その中学校は保健室の冷蔵庫に自分の飲み物を置いてもいいんだ。それはいいですね。すべての学校でそうしてほしい。

「生活困窮者自立支援法」と「社協」

阿部　あと、福祉事務所以外ではすでにある「生活困窮者自立支援法(注9-4)」と「社会福祉協議会(社協)」についても触れておきたいと思います。

生活困窮者自立支援法は、まさに生活困窮している人をワンストップで包括的に支援していこうとしている法律です。生活保護に陥らないために相談事業や就労支援事業などさまざまな支援を行っています。

でも、それは正しい方向なのか、というところはあると思う。人によっては自立支援法は批判の的で、本来は福祉事務所が生活保護を適用すべきところを自立支援法の窓口で止めている水際作戦なんじゃないのかと言っていますね。

鈴木　使いづらい公的扶助のほうをなんとかするより、未然防止策を充実させたほうがいいに決まってると思うんですけどね。

阿部　私はいろんな窓口や支援策があったほうがいいと思いますけどね。生保だけが解決策じゃないので、例えば、先ほども出た家賃補助ですとか、そういった生活丸抱えの生保よりももっと緩い支援策もあれば、それほどスティグマつかずに受け入れられるのでは。

一方、社会福祉協議会（社協）のほうは、全国の各自治体にある半官半民の組織です。福祉の末端組織としては、社協の存在は、その規模からしてすごいんですよ。貸付事業やファミリーサポートなど、とにかくたくさんの事業や人員を抱えています。民生委員や児童委員も社協とつながっています。

全社協が全国レベルで、その下に地域社協があるんです。民間ですけど、社会福祉法に基づく組織で、財源の多くが行政からの委託金なので「半官半民」なんです。

近年、社協は貧困対策のアウトリーチの最先端として再認識されてきています。例えば、大阪の豊中市社会福祉協議会の例が有名ですね。勝部麗子さんというすごい方を中心にアウトリーチに頑張っていらっしゃいます。ＮＨＫが、彼女たちをモデルにした連続ドラマをつくりましたよね。コミュニティソーシャルワーカーという地域の福祉問題を解決していく職種を確立させてきた方々で、貧困をはじめとした地域の個別問題に真正面から取り組んでこられました。

ただ、現在では、どこの社協でもそうした事業を行っているわけではなくて、コミュニティソーシャルワーカーといえる人々はむしろ少ないかも。社協はどの地域にもあって、そこで困窮者の貸付事業など、さまざまな福祉の事業を行っているとても大きな組織なんですが、存在を知らない人も多いかもしれない。

鈴木　取材をしていても、当事者サイドから「社協」という単語を耳にしたことがありません。まったく知られていないですよ。「こども110番のいえ」の旗があるところかな、みたいな認識。だったらドロップアウトな子どもが一番嫌いな、道徳おじさん道徳おばさんの家って印象ですけど……。

阿部　すごく先駆的な活動をしている人たちも、社協の中にいることはいるんです。

でも、地域によって事業の実態はいろいろで、福祉事務所の手伝いみたいなことをしているところもあるし。全体的には組織体質が古いですね。旧態依然としてやってるところも少なくないように見えます。

鈴木　遠い存在だなあ。なんでこれまで接点がなかったんだろう。

阿部　やっぱり体質が古いからじゃないかな。社協の中にも、戦没者慰霊祭みたいなことをやっているだけのところもあると聞きます。

鈴木　またまた和服のおばあちゃんが「銃後の云々」って言ってる姿が浮かびました。

阿部　そういう感じ。もちろん、社協全体がそのイメージというわけじゃありませんよ。政府の生活困窮者自立支援法に関わる事業とか、母子世帯の母親に対する就労支援事業だとか、そういったものを自治体からの委託事業として受注することが多い。貧困対策の面でも末端組織といえます。社協を避けて語れない。うまく活用するしかないです。

鈴木　そうなんですね。

阿部　鈴木さんが遠く感じるのは、社協が若者に対する支援をあまりやっていないからかもしれませんね。子育ての面では、ヘルパーさんを送り込むファミリーサポートなどをやっていて、利用している人はすごく助かっているはずなんですけど。

今は生活困窮者関係の仕事も下りてきていて、何でもかんでも社協にやらせようって感じがあります。この国には本当にいろいろな貸付事業があるんですが、その大半の窓口が社協になってます。使わない手はないんですよね、あるんだから。

社協で働いている人たち

阿部　社協に直接雇用されている方々は、社会福祉士や精神保健福祉士などの資格を持っている人が多いと思います。レベルは人によりけりなのかな。

民生委員や児童委員も社協と関わりの深い人たちですが、ほとんどがボランティアですから、彼らはまた別の話です。普通の地域の人ですから。

鈴木　どんな印象ですか。

阿部　民生委員は、やはり地域の高齢者の見守りという意識しかなくて、あまり、子どもや若者に目が向いていなかったかもしれない。ただ、民生委員の中にも、子どものことを請け負う児童委員というのがあるんですよ。ただ、私が貧困問題の現状について話しても、「ああ、そうなんですね。初めて知りました」みたいな反応をする人が多い。地域をよく回っているはずなんですが、やっぱりわかってない、見えてないんだなというふうに思いますね。

鈴木　不良化した子どもへの取材では、児童委員は完全に悪者としてしか出てきません。

阿部　おせっかい焼くおばさんみたいな？

鈴木　おせっかい焼く、説教する、親と敵対してる存在。あと、玄関上がったら鼻摘まんで逃げちゃう。「このゴミ、なんとかしなさいよ、これ」って言うだけみたいな印象ですね。あとは、児相に持っていかれたりだとか補導されたときに、親の代わりに学校の先生か児童委員さんが迎えに来るっていう話を聞きますね。で、説教をされてしまう、と。だから、児童委員さんの顔を見たら逃げてしまう。

阿部　でも、やっぱりなんていうか、ボランティアじゃないですか。なので、そんなには期待できないと思うんですよ。時間があるのでボランティアでやろうという人がいて、ちょっと上から目線のおばさんやおじさんが多くなってしまうというのは仕方ない。ですから、ちゃんとした福祉の仕事だということで、きちんと報酬を払うとか、半年間の研修を義務化するとかして、プロフェッショナル化を図る必要があるんでしょうね。

鈴木　そうか。そのプロフェッショナル化も社協の仕事になるのかな。

阿部　そういう役割もありえますね。若者の支援をあまりやっていないと言いましたが、児童養護施設などを運営している福祉法人の全国組織も全国社会福祉協議会の構成組織ですね。福祉の世界では、すごく大きな組織なんです。

鈴木　もっと有効に使わなきゃ。

阿部　ネットで調べたらきっと驚きますよ。本当にいろんな事業をやっていますから。

鈴木　今、僕の地元の千葉についてネットで見てるんですけど、生活福祉資金貸付制度、やっぱり窓口は社協ですね。

阿部　生活福祉資金貸付は、使わない手はない。

鈴木　え。これすごいですね、貸付限度額五八〇万円以内、日常生活を送る上で一時的に必要となる費用。償却返還期限二十年以内。

阿部　結構いいでしょ。

鈴木　こんな条件のいい貸付はないです。でも僕、この制度自体初耳です。相談職の人からも聞いたことなかったです。

阿部　なのに、なんでサラ金に行くんだよ、って感じなんですよ。

鈴木　まあ、アウトリーチしてないってことなんでしょうけど、ほんとですね。貸付の制限は……。

阿部　収入制限はありますけど、結構高いですよ。

鈴木　連帯保証人ありなら無利子。連帯保証人がないと年率一・五％。年率一・五％だって。実際にどう運用されてるか調べないと一概には言えないけど、これ、知られていないことがおかしいですね。やっぱり既存の使える制度のガイドが必要なんだ。そこが抜けてるんですよね。

マッチングサービスが打開策になる

鈴木　ただ、僕はどうしても社協に対して反発を抱いてしまうんですね。やっぱり、社協に参加する人たちの属性が……。

阿部　地域のエリートですもんね。

鈴木　大政翼賛的というと極端ですが、押しつけをしてくる人たちという印象が強いです。地域のいろんな支援を利用するための窓口が社協に任されているという状況が、逆に支援があまりちゃんと使われていない原因じゃないかな、という印象を持っています。

阿部　それはあると思います。たとえ非常によい社協であっても、地元の人に福祉の相談をすることはできないと思ってしまう人は必ずいるでしょうから。近所の人に「困っているから助けて」というのは、確かに勇気がいります。

鈴木　本当にそうです。

阿部　むしろ、匿名のホットラインに電話をかけるほうがまだ楽かもしれない。

鈴木　そうですよ、社協の人に相談できるはずがない。むしろ、彼らは自分をいじめてきた人たちかもしれない。自分をいじめた人のお父さん、お母さん、おじいちゃん、おばあちゃんぐらいですよ。

阿部　それだったら、前の話に戻って来ますけど、地域密着型の福祉っていうのは、限界もあるかなと。

鈴木　そう考えると、やっぱマッチングなんじゃないですかね。でも、マッチングサービスに匿名的に相談して、引き継がれるのが社協だったら、ちょっときついな。

阿部　今、「よりそいホットライン（注9－5）」などにも大変な量の電話がかかってきますが、結局「そこから先」にどうつなげるかが問題なんです。「よりそいホットライン」の人が対応して、当事者と電話で何時間も話す。それで、ちょっと気持ちが傾いてきたところで、支援策につなげている。決して急に「はい、では支援の窓口につなぎます」と言ってつないでいるわけではありません。

鈴木　そうですね。だから、やはり孤立を生まないように、間を取り持つ事業が必要なんだと思うんです。九五ページで述べた、高校生と仕事のマッチングなどもそうなのですが、マッチング事業というのがやはり大きな打開策になると思うんですね。

阿部　「貧」を「困」にしないためには、そのような「つなげる」サービスの存在が重要になってくるのでしょう。

（注9－1）**保健師**　国家試験に合格して得られる国家資格。疾病の予防や、健康増進などの活動を行う。各自治体の保健所、保健センターなどで地域の保健行政に携わる行政保健師、企業に勤務する産業保健師、学校で生徒、教職員のための活動に従事する学校保健師（養護教員）の三つに大別される。

（注9－2）**婦人相談員**　「要保護女子」といわれる、売春行為をしている、または売春を行う可能性のある女性の発見、相談、指導を行う仕事。各自治体の婦人相談所や福祉事務所に所属している。人数は二〇一五年四月時点で一三四八人。

（注9－3）**保護司**　犯罪や非行をした人たちが、釈放後、スムーズに社会復帰できるよう、定期的に面接を行い、更生を図るための指導を行ったり、生活上の助言や就労の手助けや生活環境の整備を行う人々。全国に約四八〇〇〇人いる。無給。

（注9－4）**生活困窮者自立支援法**　二〇一三年、「生活保護に至る前の段階の自立支援策の強化を図るため、生活困窮者に対し、自立相談支援事業の実施、住居確保給付金の支給その他の支援を行うための所要の措置を講ずる」という目的で制定された。以下のような施策が盛り込まれている。
・自立相談支援事業（就労相談など）、家計相談事業の実施
・住居確保給付金の支給。住宅を失った生活困窮者等に対し家賃相当の「住居確保給付金」（有期）を支給する。
・就労に必要な訓練を日常生活自立、社会生活自立段階から有期で実施する「就労準備支援事業」。
・生活困窮家庭の子どもへの「学習支援事業」。

（注9－5）**よりそいホットライン**　国からの委託により一般社団法人 社会的包摂サポートセンターが運営している、二十四時間通話料無料の電話相談窓口。「どんなひとの、どんな悩みにもよりそって、一緒に解決する方法を探します」という方針を掲げている。

対談を終えて

阿部　彩

この対談を始める前、正直言って怖かった。

私は世には「貧困の論者」としてまかり通っているけれど、実のところ、貧困の現場からは逃げてきた者である。若い頃、ホームレスの支援団体に関わっていたことがある。そのとき、どんなにホームレスの方々の気持ちをわかるフリをしても、一歩、その場を離れれば私には温かい家があったし、週末になればおしゃれなレストランに行ったり、海外旅行や買い物を楽しむ自分があった。支援団体の中には、自分の時間や余裕をすべて活動に捧げている人たちも多かったが、私は自分の快適な生活が手放せなかった。だから、現場を離れた。

こんな私でもできることは何か……と考えた末にたどり着いたのが、貧困の研究者として生きる道である。幸い、コンピューターは好きだったので、貧困率や日本の貧困の実態をデータをもって示していくことはできるであろうと。そして、現場を離れて二十年たった。なので、私が日々見ているものはあくまでも調査票であり、数字であり、貧困そのものではない。それは痛いほど認識している。

なので、鈴木大介さんのように、貧困に苦しんでいる人たちと直接向き合い、理解しようとしている方々にお会いするのはある意味脅威ですらあった。

「おまえ、何もわかってないな」

と呆れられるのではないかと恐れていた。

しかし鈴木大介さん、そして、ライターのオバタカズユキさん、編集者の西村健さんに終始支えられ、この対談は進んだ。ここにいたるまでに、一回二～三時間の対談を七回行っており、活字になっていないものも相当量ある。誰かと、ここまで貧困を語ったのは初めてである。鈴木さんの貧困者からの目線は私にとって新鮮で驚きのパレードであった。データで測りきれないものが、いかに大きいか。貧困率とか、機会の平等だとか、人権だとか、きれいな言葉で語れない、ドロドロ、モヤモヤしたもの。この十五時間以上の対談の中でそれを少しは感じることができたと思う。

本書は、覚悟の書でもある。これまで私が書いてきたものは、かなり、「説得すること」を念頭に置かれて書かれたものであった。しかし、本書は本音ベースの正直トークである。

鈴木大介さんという絶妙の聞き手に本音を引き出されてしまったのかも知れない。私の所属する「学会」からは、眉をひそめられるような極論もあるだろう。しかし、そろそろ日本の貧困議論もお涙頂戴や「正論」では終わらない時期に来ている。刊行されるのが楽しみでもあり、おそろしくもある。

ここまで引き出してくださったＰＨＰ新書の西村健さんとオバタカズユキさん、そして、鈴木大介さんに篤く御礼申し上げる。

阿部 彩［あべ・あや］

社会政策学者。首都大学東京人文社会学部教授。マサチューセッツ工科大学卒業。タフツ大学フレッチャー法律外交大学院修士号・博士号取得。国際連合、海外経済協力基金、国立社会保障・人口問題研究所などを経て2015年より現職。
専門は貧困、社会的排除、社会保障論。著書に『子どもの貧困』『子どもの貧困Ⅱ』（以上、岩波新書）、『弱者の居場所がない社会』（講談社現代新書）、『生活保護の経済分析』（共著、東京大学出版会）など。

鈴木大介［すずき・だいすけ］

1973年千葉県生まれ。文筆業。触法少年や家出少女などの取材を重ね『家のない少女たち』（宝島社）などを発表。41歳のときに脳梗塞に罹患し、高次脳機能障害を背負う。著書に『最貧困女子』（幻冬舎新書）、『脳が壊れた』『脳は回復する』（以上、新潮新書）、『されど愛しきお妻様』（講談社）などの他、漫画『ギャングース』（原案・著書『家のない少年たち』［太田出版］）のストーリー共同制作を担当。

編集協力：オバタカズユキ

貧困を救えない国 日本

（PHP新書 1161）

二〇一八年十月二十九日 第一版第一刷
二〇一九年二月 七 日 第一版第二刷

著者——阿部 彩／鈴木大介
発行者——後藤淳一
発行所——株式会社PHP研究所
東京本部——〒135-8137 江東区豊洲5-6-52
第一制作部PHP新書課 ☎03-3520-9615（編集）
普及部 ☎03-3520-9630（販売）
京都本部——〒601-8411 京都市南区西九条北ノ内町11
制作協力 組版——アイムデザイン株式会社
装幀者——芦澤泰偉＋児崎雅淑
印刷所 製本所——図書印刷株式会社

©Abe Aya/Suzuki Daisuke 2018 Printed in Japan
ISBN978-4-569-83583-9

※本書の無断複製（コピー・スキャン・デジタル化等）は著作権法で認められた場合を除き、禁じられています。また、本書を代行業者等に依頼してスキャンやデジタル化することは、いかなる場合でも認められておりません。
※落丁・乱丁本の場合は、弊社制作管理部（☎03-3520-9626）へご連絡ください。送料は弊社負担にて、お取り替えいたします。

PHP新書
PHP INTERFACE
https://www.php.co.jp/

ＰＨＰ新書刊行にあたって

「繁栄を通じて平和と幸福を」（PEACE and HAPPINESS through PROSPERITY）の願いのもと、ＰＨＰ研究所が創設されて今年で五十周年を迎えます。その歩みは、日本人が先の戦争を乗り越え、並々ならぬ努力を続けて、今日の繁栄を築き上げてきた軌跡に重なります。

しかし、平和で豊かな生活を手にした現在、多くの日本人は、自分が何のために生きているのか、どのように生きていきたいのかを、見失いつつあるように思われます。そして、その間にも、日本国内や世界のみならず地球規模での大きな変化が日々生起し、解決すべき問題となって私たちのもとに押し寄せてきます。

このような時代に人生の確かな価値を見出し、生きる喜びに満ちあふれた社会を実現するために、いま何が求められているのでしょうか。それは、先達が培ってきた知恵を紡ぎ直すこと、その上で自分たち一人一人がおかれた現実と進むべき未来について丹念に考えていくこと以外にはありません。

その営みは、単なる知識に終わらない深い思索へ、そしてよく生きるための哲学への旅でもあります。弊所が創設五十周年を迎えましたのを機に、ＰＨＰ新書を創刊し、この新たな旅を読者と共に歩んでいきたいと思っています。多くの読者の共感と支援を心よりお願いいたします。

一九九六年十月

ＰＨＰ研究所